AF347123

LE

Centenaire d'Augustin Thierry

LES FÊTES DE BLOIS

10 Novembre 1895

AUGUSTIN THIERRY

L'Origine d'une Fête — Invités & Souscripteurs
L'Inauguration du Buste

LES DISCOURS

La Presse
Le Banquet — La Soirée de Gala

PAR

PIERRE DUFAY

Bibliothécaire de la Ville de Blois
Secrétaire de la Société des Sciences & Lettres de Loir-&-Cher

ET

RENÉ RIBOUR

Membre de la Société des Sciences & Lettres de Loir-&-Cher

BLOIS
TYP. & LITH. C. MIGAULT & Cᵉ, RUE PIERRE-DE-BLOIS, 14
—
1895

*Tiré à 550 exemplaires numérotés à la presse,
dont 2 exemplaires sur papier Japon,
non mis dans le commerce
et 10 exemplaires sur papier de Hollande,
numérotés de 3 à 12,
signés et parafés par les Auteurs.*

A NOS COMPATRIOTES

CES NOTES DESTINÉES A HONORER LA MÉMOIRE

D'UN DES PLUS ILLUSTRES ENFANTS DE LA VILLE DE BLOIS

SONT DÉDIÉES

EN TÉMOIGNAGE D'AFFECTION

LE CENTENAIRE
D'AUGUSTIN THIERRY

LES ORIGINES DE LA FÊTE

N'ayant pu être célébré officiellement que le 10 novembre 1895 — avec six mois de retard, par conséquent — le Centenaire d'Augustin Thierry avait été tout au moins fêté dans l'intimité, dès le 10 mai 1895.

Cette première réunion tenue à la Bibliothèque de Blois, sur invitations de la Municipalité, fut le véritable point de départ des fêtes du 10 novembre.

En voici le compte-rendu, tel que nous l'avons publié deux jours après, le 12 mai, dans un des journaux de la presse blaisoise :

Vendredi dernier, 10 mai 1895, une réunion importante a eu lieu à la Bibliothèque de Blois, sous la présidence de M. Guéritte, maire, à l'effet d'honorer la mémoire de notre illustre compatriote Augustin Thierry, et d'aviser aux moyens de célébrer dignement son centenaire.

Les membres, tant des diverses sociétés locales que de l'enseignement, avaient été conviés à cette réunion, et la plupart s'étaient rendus à l'invitation de la municipalité.

Etaient présents :

MM. Guéritte, maire de Blois ; Sauvage, président de la Société des Amis des Arts ; D'r Doutrebente, président de la Société des Sciences et Lettres ; Adrien Thibault, Ranjard, capitaine Avril, l'abbé Hardel, Dillard, Jovignot, Burat, Belton, Pressurot, Christian Guéritte, Thoré, Balzer, Gervais, René Filleau, Heuls, Caron, Etienne, Vabois, Chavigny, Reffray, Cauchie, Alix, Rouget, D'r Guérin, Raymond, Gilles, Charton, de Cardonne, Jacques Soyer, Pierre Dufay, Lafargue, Périé, Véra, Grenouillot, Créances, Huchot, etc., etc.

M. le Préfet, en tournée de révision, s'était, ainsi que quelques autres personnes, excusé de ne pouvoir assister à cette réunion.

Après avoir ouvert la séance, M. le Maire expose en quelques mots le but qu'il se propose. Il ne convenait pas de laisser passer dans le silence le centenaire de la naissance d'un de nos plus illustres compatriotes. L'*Association Amicale des anciens Elèves du Collège de Blois* avait, depuis quelques semaines déjà, émis le désir de voir rendre, à l'occasion de son centenaire, un hommage éclatant au grand historien et au grand honnête homme que fut Augustin Thierry. La municipalité est heureuse de pouvoir s'associer à ce sentiment. Toutefois elle a jugé que toutes les Sociétés savantes de Blois devaient avoir à cœur de participer à cette fête de l'esprit : c'est à la fois la raison et le but de cette réunion. (Applaudissements.)

Aujourd'hui 10 mai 1895, le nombre de ceux qui, répondant à l'appel du Maire, se sont rendus à la Bibliothèque, constitue, à l'occasion du premier centenaire d'Augustin Thierry, un premier hommage.

Mais il s'agit de faire plus et mieux ; et du concours dévoué de tous ceux qui sont présents dans cette salle, M. le Maire attend les indications nécessaires pour permettre à la ville de Blois d'honorer dans le présent, comme on l'a fait dans le passé, le souvenir d'un de ses plus chers enfants.

M. Belton résume brièvement, ensuite, les démarches qu'il a faites à Paris en vue de la célébration du centenaire.

La personne la plus autorisée à qui il pouvait s'adresser était le neveu même de l'illustre historien, M. Gilbert-Augustin Thierry, fils de M. Amédée Thierry, avec qui il s'est mis en rapport.

M. Gilbert-Augustin Thierry exprime à l'avance à la ville de Blois toute sa reconnaissance pour ce qu'elle voudra bien faire pour célébrer la mémoire de son oncle et l'assure en même temps de son concours le plus dévoué pour l'aider en cette circonstance.

Le ministre de l'Instruction Publique, l'Académie des Inscriptions et Belles-lettres, l'Académie Française auront sans doute à cœur d'être représentés à ces fêtes, et il importera de choisir une date qui convienne à tous et puisse donner à cette célébration tout l'éclat désirable.

Après l'échange de quelques observations, la parole est donnée à M. Bar, professeur au Collège, dont on n'a pas oublié le joli discours de distribution de prix sur *Blois dans l'histoire* (1889) (1), pour faire l'historique de la vie et des travaux d'Augustin Thierry.

Nul, à coup sûr, n'était, par ses études ordinaires et par son érudition, autant indiqué pour cette conférence; mais, étant donné le peu de temps dont il a pu disposer pour la préparer, c'est merveille d'avoir pu, en quelques heures, recueillir et coordonner, en une forme parfaitement littéraire, pareille gerbe de documents.

En attendant que cette étude soit publiée in-extenso dans le *Bulletin de la Société des Sciences et Lettres*, nos lecteurs nous sauront sans doute gré de la leur résumer; et, s'il y a indiscrétion, nous en demandons à l'avance pardon au sympathique conférencier (2).

Tout d'abord, M. Bar fait l'historique de la famille Thierry. Le père, après avoir été destiné à l'état ecclésiastique, petit employé au District, puis au Département; plus tard bibliothécaire adjoint à la Bibliothèque de la ville, sous les ordres de M. de la

(1) BLOIS DANS L'HISTOIRE. — Discours prononcé par M. Bar, professeur pour l'Enseignement secondaire spécial, à la distribution des prix du Collège, le 30 juillet 1889.

Grande Imprimerie de Blois, 1889, in-8° de 38 pages.

L'impression de ce discours a été autorisée par M. le Recteur de l'Académie de Paris, et elle a eu lieu sur l'initiative et par les soins de l'*Association Amicale des Anciens Elèves du Collège de Blois*.

(2) Le n° 5 du *Bulletin de la Société des Sciences et Lettres de Loir-et-Cher* (novembre 1895) a été en effet exclusivement consacré à cette publication : LE CENTENAIRE D'AUGUSTIN THIERRY.

Blois, typ. et lith. C. Migault et C°, in-8° de 65 pages.

Saussaye, qui, généreusement, lui abandonnait son traitement (1).

La naissance d'Augustin, en une petite maison de la rue Guerry, que l'Association des Anciens Élèves du Collège a sauvée de l'oubli, par la pose d'une plaque commémorative, fut suivie, deux ans plus tard, de celle d'Amédée, qui eût suffi à illustrer le nom des Thierry, si Augustin n'eût pas été l'aîné (2).

(1) « Monsieur, j'ai l'honneur de vous renvoyer revêtu de mon approbation votre arrêté du 2 de ce mois qui, dérogeant à celui que vous avez pris le 28 octobre 1830, attribue à M. Thierry, bibliothécaire-adjoint, le traitement affecté aux fonctions de bibliothécaire, confiées à M. de la Saussaye. Je vous renvoie également la lettre qui vous a été écrite par M. de la Saussaye pour provoquer cet arrangement. On ne peut qu'applaudir aux motifs honorables exprimés dans cette lettre. »

(Lettre du Préfet de Loir-et-Cher, à M. Péan, maire de Blois, 4 juillet 1832. — Archives municipales.)

(2) Voici reproduit in extenso d'après les registres de l'état-civil l'acte de naissance d'Augustin Thierry :

Aujourd'huy vingt-deux floréal de l'an troisième de la république française une et indivisible, à trois heures du soir, pardevant moi Augustin-François Gaudichau-Delestre, membre du Conseil général de la commune de Blois, élu le quinze nivôse pour recevoir les actes destinés à constater les naissances des citoyens, est comparu en la salle publique de la maison commune de Blois Jacques Thierry, employé au district de Blois, y demeurant rue des Rouillis, section de l'indivisibilité, lequel était assisté de Marie Robert, veuve de Denis Leroux, sa belle-mère, et de Nicolas Forest, son oncle, tous les deux demeurant à Blois et âgés de plus de vingt-un ans, lequel m'a déclaré que Catherine le Roux, son épouse en légitime mariage, est accouchée hyer, à 9 heures du soir, d'un enfant mâle qu'il m'a présenté, et auquel il a donné les prénoms de Jacques-Nicolas-Augustin ; d'après cette déclaration que les citoyens Marie Robert et Nicolas Forest ont certifié conforme à la vérité et à la représentation qui m'a été faite de l'enfant dénommé, j'ai rédigé, en vertu des pouvoirs qui me sont délégués, le présent acte que Jacques Thierry père de l'enfant et les témoins ont signé sur le registre double.

Fait en la maison commune de Blois, les jour, mois et an que dessus.

Signé : THIERRY, FOREST, MARIE ROBERT.

L'acte de naissance d'Amédée est du 26 thermidor, an 5. La famille Thierry habitait alors rue Fontaine-des-Elus.

Elle y habitait encore lors de la déclaration de naissance d'Adelaïde

L'entrée des deux frères au collège, qui, enfin —
l'ancien collège disparu, et évanouie l'école centrale,
qui, un moment, l'avait remplacé, — venait de rou-
vrir ses portes.

Thierry l'aîné, ainsi l'appelait-on, premier boursier du collège en 1806, en raison de tous les prix de
son cours qu'il avait remportés en 1805. Ses succès
croissants, et dans les exercices publics dont la Bibliothèque de Blois a conservé les programmes, ses réponses brillantes, tant en géométrie, en algèbre et en
allemand, qu'en latin, en histoire et en géographie.

Et, soudain, dans cette âme d'enfant, éclaircie déjà
par les feux de la plus belle intelligence : le brusque
éclat d'une vocation qui se décide ; le sillon lumineux
laissé derrière elle par la lecture, en la salle voûtée,
alors étude, aujourd'hui chapelle, des admirables
Martyrs de Châteaubriand (1) !

Thierry, 28 thermidor, an IX. Il est à remarquer que sur cet acte, Jacques
Thierry est qualifié d'*imprimeur*.

L'inscription placée sur la maison de la rue Guerry — ancienne partie
de la rue des Rouillis — habitée, aujourd'hui, par Mᵉ Henry, avocat, est
ainsi libellée :

AVGVSTIN THIERRY
EST NÉ DANS CETTE MAISON
LE 10 MAI 1795

(1) Déjà plus qu'à demi-aveugle, il faut lire avec quelle humilité
Augustin Thierry faisait remonter à Châteaubriand, venu le remercier de
l'envoi de sa *Conquête de l'Angleterre par les Normands,* l'honneur de
ses travaux :

« J'ai vu à Vesoul M. Augustin Thierry, retiré chez son frère le
préfet. Lorsqu'autrefois à Paris, il m'envoya son *Histoire de la Conquête
des Normands,* je l'allai remercier. Je trouvai un jeune homme dans
une chambre dont les volets étaient à demi fermés ; il était presque
aveugle ; il essaya de se lever pour me recevoir, mais ses jambes ne le
portaient plus et il tomba dans mes bras. Il rougit lorsque je lui
exprimai mon admiration sincère ; ce fut alors qu'il me répondit que
son ouvrage était le mien, et que c'était en lisant la bataille des Francs

Cette lecture avait décidé de l'avenir du futur historien. Et avec quel charme il en évoque le souvenir, en la préface de ses *Récits des Temps mérovingiens !*

En 1811, Augustin Thierry entrait à l'école normale. Forcément, M. Bar, après avoir insisté sur les premières années du collégien, glisse plus rapidement sur celles qui suivirent.

Il ne resta que fort peu de temps dans l'université. Comme tant d'autres de sa génération, séduit par les doctrines et par le rêve utopique et social du réformateur Saint-Simon, il devint son disciple et son secrétaire, son « fils adoptif » même, s'intitula-t-il un moment.

Puis, la séparation, sinon la brouille, vint entre eux. Et, de ce jour, abandonné à lui-même, Augustin Thierry se révéla, du premier coup, journaliste de naissance et polémiste ardent.

Le rôle de la presse n'était pas banal à cette époque; et il y avait courage à venir, comme ce débutant, défendre les idées libérales auxquelles la Restauration avait porté un si rude coup et faire campagne contre toute la série d'historiens, qui par leur parti-pris et leur ignorance des mœurs et des époques dont ils avaient à s'occuper, avaient, jusque-là, dénaturé l'histoire.

C'est en rénovateur des études historiques que se

dans les *Martyrs* qu'il avait conçu l'idée d'une nouvelle manière d'écrire l'histoire. Quand je pris congé de lui, alors il s'efforça de me suivre et il se traîna jusqu'à la porte en s'appuyant contre le mur : je sortis tout ému de tant de talent et de tant de malheur. »

Bâle, 12 août 1832.

Mémoires d'Outre-Tombe, par M. le Vicomte DE CHATEAUBRIAND. — Paris, Eugène et Victor Penaud, 1849-1850, 12 in-8°, tome X, p. 196.

pose Thierry. Il a le génie de l'histoire ; il en rêve la transformation, voulant faire à la fois de l'art et de la science, remplacer la sèche nomenclature des manuels classiques par des scènes vraiment dramatiques, tout en n'employant que des matériaux dus à la science (1).

Ce rêve, il le réalisa et la plus parfaite expression de la méthode historique qui le hantait semble incarnée dans ses prestigieux *Récits des temps méroringiens* et dans sa *Conquête de l'Angleterre par les Normands.*

Il fit plus. L'histoire telle qu'on l'avait écrite et enseignée, depuis des siècles, ne s'était occupée que des puissants, pour mépriser ou ignorer la masse sans nombre des humbles, cette foule en marche qui fait les révolutions et détruit les empires.

Le peuple dont, journaliste, il avait défendu la cause, historien, il le fit entrer dans l'histoire de nos institutions ; il en rechercha et en écrivit les annales. Aux lettres de noblesse d'une aristocratie abâtardie et agonisante, il opposa celles du Tiers-État ; un sang nouveau, vigoureux et jeune, qui, après trois siècles de dégénérescence, devait venir insuffler un peu de vie et de force à cette société épuisée et énervée par les orgies royales et les vices bourgeois.

Et quel merveilleux exemple donné à la jeunesse

---

(1) L'art de faire passer l'esprit des anciens chroniqueurs dans un récit moderne, ferme et neuf, n'était pas trouvé à cette date de 1811, à laquelle M. Michaud commençait de publier son travail ; l'honneur en appartient à M. Augustin Thierry, qu'on a pu appeler « un traducteur de génie des anciens chroniqueurs », et qui a porté dans cette mise en œuvre le sentiment simple de l'épopée.

SAINTE-BEUVE. — *Causeries du Lundi.* — 11 octobre 1852. (M. MICHAUD), tome VII, p. 33.

d'à présent, à ces attristés sans cause, à qui la vie paraît si vide, sauf d'ennui, vains chercheurs, par delà les temps, de quelques fétiches oubliés devant qui s'incliner, que cet homme penché sur les in-folios des bibliothèques, ses yeux qui commençaient à ne plus voir, trouvant d'instinct le passage intéressant, la scène principale qui, avec sa sauvagerie de mœurs ou de décor, devait suffire à faire revivre une époque. Des voix pouvaient bourdonner autour de lui, des pas faire craquer le parquet : que lui importait, il ne les entendait pas, possédé tout entier par la magique évocation du passé qui se dressait devant lui ; barbare superbe, traînant sur ses épaules mal dégrossies, comme des lambeaux de pourpre, des restes de civilisation.

Le réveil vint pourtant, singulièrement douloureux et tragique ; de ce beau rêve, Augustin Thierry sortait, la santé détruite, la vue éteinte.

L'historien se doubla d'un philosophe, un stoïque, digne du temps des sages. La cécité était venue ; avec l'aide de secrétaires dévoués, cet « *Homère de l'Histoire* », comme l'appela Châteaubriand, continua son œuvre, sans une plainte, l'esprit plus que jamais lucide, offrant aux générations à venir l'image d'une âme maîtresse d'elle-même et supérieure à la douleur.

Une page, dictée alors par Thierry, doit être lue et relue. C'est le plus bel hommage qui ait jamais été rendu à la science, et que faible, à côté, cet hymne au travail, dont, à la fin d'un récent banquet, Zola se fit le chantre !

« Pourquoi se dire avec tant d'amertume que,

dans le monde constitué comme il est, il n'y a pas d'air pour toutes les poitrines, pas d'emploi pour toutes les intelligences ? L'étude sérieuse et calme n'est-elle pas là ? et n'y a t-il pas là un refuge, une espérance, une carrière à la portée de chacun de nous ? Avec elle, on traverse les mauvais jours sans en sentir le poids, on se fait à soi-même sa destinée ; on use noblement sa vie.

« Voilà ce que j'ai fait et ce que je ferais encore ; si j'avais à recommencer ma route, je prendrais celle qui m'a conduit où je suis. Aveugle et souffrant sans espoir et presque sans relâche, je puis rendre ce témoignage qui de ma part ne sera pas suspect : il y a au moins quelque chose qui vaut mieux que les jouissances matérielles, mieux que la fortune, mieux que la santé elle-même : c'est le dévouement à la science. » (*Dix ans d'etudes historiques*).

Pour ma part, en leur simplicité, je ne sais rien de plus beau que ces lignes, et, jamais, je n'ai pu les relire sans émotion.

C'est, d'ailleurs, une justice à rendre à la ville de Blois : toujours — en dépit de cette malveillance, dont se montre coutumière la province envers ses enfants qui se mêlent d'écrire, et pas plus qu'Armand Baschet, Thierry n'y échappa — toujours, dis-je, elle eut à cœur de témoigner à l'illustre historien de son attachement et de son respect.

Non seulement elle eut soin du fils, mais les vieux parents n'échappèrent pas à sa sollicitude.

En 1832, c'était une vieillesse paisible et honorable qui était assurée au père, à la bibliothèque de la ville. Plus tard, à deux reprises, dernier hommage rendu aux époux Thierry, le Conseil municipal fit à leur dépouille mortelle l'honneur d'une concession perpétuelle.

Est-il besoin de dire qu'une rue de Blois porte le nom de l'historien du *Tiers-Etat* (1) et que le Collège de Blois est placé sous son vocable (2).

(1) Délibération du Conseil municipal du 28 août 1871.

(2) « Un trop modeste anonyme « professeur au Collège de Blois », dans une note adressée à l'*Indépendant*, fait remonter au discours de distribution de prix, prononcé en 1879 par M. Caron, alors professeur de rhétorique, aujourd'hui juge de paix à Romorantin, l'attribution du nom d'Augustin Thierry au Collège.

Le bon et excellent souvenir que j'ai conservé de mon ancien maître, devenu depuis mon ami et mon collègue à la *Société des Sciences et Lettres,* me fait penser qu'il n'a pu laisser passer, sans sourire — s'il en a eu connaissance — cette paternité imprévue. (Il a été publié un tirage à part de ce discours — Blois, imprimerie Marchand, in-8º).

C'est en 1872, en effet, sur un vœu du Conseil d'administration du Collège, que M. Jules Simon, ministre de l'Instruction publique, accorda, en date du 30 septembre, l'autorisation à cet établissement de prendre le nom de *Collège Augustin Thierry,* et non « d'Augustin Thierry. »

Voici d'ailleurs la copie de la lettre de remerciements qu'un mois plus tard M. Amédée Thierry adressait à la municipalité de Blois, à la tête de laquelle se trouvait alors mon père :

« Paris, ce 20 octobre 1872.

« Monsieur le Maire,

« C'est à vous que sont dûs mes premiers remerciements et ceux de tous les miens, pour le décret présidentiel qui autorise le Collège de Blois à prendre désormais le titre de Collège Augustin-Thierry, car c'est vous qui avez pris l'initiative de ce vœu si glorieux pour la mémoire de mon frère, si honorable pour sa famille.

« Augustin Thierry méritait cette affection persévérante dont sa ville natale l'a entouré, non seulement par l'éclat que sa renommée européenne a pu jeter sur elle, mais aussi par l'amour filial qu'il n'a cessé de lui porter. Les années qu'il avait passées au Collège de Blois étaient à ses yeux les meilleures et les plus regrettées de sa vie : il se rappelait que là s'était révélé pour lui le génie de l'histoire, et, dans sa reconnaissance, il aimait à reporter une partie de ses premiers succès aux respectables maîtres qui l'avaient guidé.

« En rappelant ici ces souvenirs, au lendemain d'un nouvel honneur que la Ville et le Collège de Blois lui confèrent, je m'acquitte d'un devoir pieux que sa mémoire m'impose.

Il ne fut pas, faut-il ajouter, de fils plus respectueux et plus affectueux envers sa ville natale.

A côté du beau buste de marbre offert par Augustin Thierry, la bibliothèque de Blois, en tête de la troisième édition de la *Conquête de l'Angleterre par les Normands*, possède cette dédicace touchante, que l'aveugle dicta et qu'écrivit sans doute Mme Augustin Thierry. Cette lettre est adressée au Maire de Blois :

Monsieur,

J'adresse à mon ami, M. de la Saussaye, un exemplaire de la nouvelle édition de mon *Histoire de l'Angleterre* que je vous prie de vouloir bien accepter pour la bibliothèque de Blois. Je suis éloigné depuis vingt cinq ans de ma ville natale, j'y reviendrais aujourd'hui, que mes yeux ne pourraient la revoir ; il n'y a plus entre elle et moi que le lien d'un souvenir, et je voudrais que ce souvenir pût vivre dans la pensée de mes compatriotes, comme il est vivant dans la mienne. Ayez la bonté d'être auprès d'eux l'interprète de mes sentiments et de leur dire de quelle affection vive et sincère cette faible offrande est le témoignage.

Agréez de nouveau, Monsieur, l'assurance de la haute

« Agréez, Monsieur le Maire, et veuillez faire agréer aux personnes qui vous ont secondé dans cette œuvre de glorieuse protection pour un enfant de votre ville, les remerciements de la famille d'Augustin Thierry, ainsi que l'expression de mes sentiments respectueux et dévoués.

« Amédée Thierry. »

Ce simple document pour fixer un point d'histoire locale qui semblait n'en avoir guère besoin.

Mais, c'est égal, elle sera non seulement intéressante pour tous, mais utile à beaucoup, l'étude que prépare M. Bar sur les origines de notre Collège ! »

Pierre Dufay.

Petit Blésois, 16 mai 1895.

estime avec laquelle j'ai l'honneur d'être votre très humble
et obéissant serviteur.

AUGUSTIN THIERRY.

26 mars 1839.

Sans doute, le jour n'est pas encore venu, entrevu
par M. Dupré, en une vue prophétique où, triomphale, la statue d'Augustin Thierry se dressera devant
ce Collège qu'il a illustré à jamais et qui, maintenant,
porte son nom.

Mais la ville de Blois qui, dans le passé, ne s'est
jamais montrée indifférente à la mémoire de ses
enfants, ne saurait aujourd'hui se départir de ce sentiment; d'autant, ajoute en terminant M. Bar, qu'on
ne comprendrait pas qu'une ville de l'importance de
Blois laissât passer, sans le fêter dignement, le glorieux anniversaire de son plus glorieux fils.

Des félicitations chaleureuses ont été adressées à
M. Bar pour la remarquable conférence, si intéressante et si instructive, qu'il venait de faire. Dans ses
remerciements, M. le Maire s'est fait l'interprète de
tous les auditeurs, qui seront heureux de retrouver,
dans le *Bulletin de la Société des Sciences et Lettres*,
le texte même de ce travail.....

(PIERRE DUFAY.)

A la fin de cette réunion, sur la proposition de
M. le Maire de Blois, une Commission d'organisation
était nommée, chargée de l'élaboration et de la préparation d'un programme de fêtes, destinées à célébrer
le Centenaire d'Augustin Thierry.

Cette Commission, placée sous la présidence d'honneur du Préfet de Loir-et-Cher, se composait de :

MM.

Alix, directeur d'Ecole communale à Blois ;

Balzer, pharmacien, secrétaire de l'*Association Ami-cale des anciens Elèves du Collège de Blois* ;

Bar, professeur au Collège de Blois ;

Bauvallet, professeur au Collège de Blois ;

Belton, avocat, vice-président de la *Société des Amis des Arts* ;

Blanchon (Maxime), ancien banquier, président de l'*Association Amicale des anciens Elèves du Collège de Blois* ;

Bodros, directeur des Contributions indirectes, vice-président de la *Société des Sciences et Lettres* ;

Bourgeois (Alfred), archiviste de Loir-et-Cher ;

Cardonne (de), rédacteur en chef de l'*Avenir de Loir-et-Cher* ;

Carré (Marius), rédacteur en chef du *Petit Blésois* (1) ;

Chauvelon, directeur d'Ecole communale à Blois ;

Chavigny, membre du Conseil municipal de Blois ;

Chevillon, président de la *Société d'Histoire natu-relle* ;

Créances, principal du Collège de Blois (2) ;

Dillard (Adrien), membre du Comité de la *Société des Amis des Arts* ;

---

(1) Dans les six mois qui suivirent, le *Petit Blésois* et le *Nouvelliste de Loir-et-Cher* ayant cessé de paraître, **MM.** Carré et Pressurot furent remplacés à la Commission par les rédacteurs en chef du *Petit Loir-et-Cher* et du *Républicain de Loir-et-Cher*.

(2) M. Créances ayant été, par la suite, appelé à un autre poste, fut remplacé dans la Commission par M. Bouvart, son successeur à la direction de notre Collège.

Doutrebente, directeur de l'Asile départemental
d'aliénés, président de la *Société des Sciences et
Lettres de Loir-et-Cher* ;

Dufay (Pierre), bibliothécaire de la ville de Blois,
secrétaire de la *Société des Sciences et Lettres* ;

Faupin, professeur à l'Ecole normale d'instituteurs,
secrétaire de la *Société d'Histoire naturelle* ;

Gilles, membre du Conseil municipal de Blois ;

Grenouillot, architecte à Blois ;

Guéritte, maire de Blois ;

Guignard (Ludovic), archéologue, vice-président de
la *Société d'Histoire naturelle* ;

Guny (Mlle), directrice de l'Ecole normale d'institu-
trices ;

Hardel (l'abbé), curé de Vineuil, membre de la
Société des Sciences et Lettres de Loir-et-Cher ;

Huchot, membre du Conseil municipal de Blois ;

Lafargue, architecte, secrétaire de la *Société des Amis
des Arts* ;

Périé, inspecteur d'Académie ;

Petit (Louis), conseiller général, vice-président de
l'*Association Amicale des anciens Elèves du Collège
de Blois* ;

Pillette, architecte de la Ville ;

Pressurot (Charles), rédacteur en chef du *Nouvelliste
de Loir-et-Cher* ;

Raymond, membre du Conseil municipal de Blois ;

Reffray (Léon), rédacteur en chef de l'*Indépendant
de Loir-et-Cher* ;

Reversé, directeur d'Ecole communale à Blois ;

Rouget, directeur de l'Ecole normale d'instituteurs ;

Rozier (Arthur), rédacteur en chef du *Progrès de Loir-et-Cher* ;

Sauvage, président de la *Société des Amis des Arts* ;

Soyer (Jacques), archiviste-paléographe ;

Thibault (Adrien), membre de la *Société des Sciences et Lettres de Loir-et-Cher*.

Cette Commission se réunissait à la Bibliothèque, le 28 mai, et procédait à la nomination de son Bureau, formant le Comité, chargé de la préparation active des fêtes et de la correspondance.

En voici la composition :

Président d'honneur :   M. Duréault, Préfet de Loir-et-Cher ;

Président :   M. Guéritte, maire de Blois ;

Vice-Président :   M. Belton ;

Secrétaire :   M. Pierre Dufay ;

Membres : MM. Balzer, Blanchon, Bourgeois, Chavigny, Créances, Doutrebente, Grenouillot, Guignard, Perié, Petit, Sauvage.

Après avoir donné connaissance d'une lettre de M. Gignoux, maire de Créteil, neveu par alliance d'Augustin Thierry, faisant connaître la parenté de sa femme avec l'illustre historien et témoignant de son désir d'assister aux fêtes du Centenaire ; M. Belton, communique au Comité le texte des délibérations des 3 août 1839 et 10 août 1860, par lesquelles le Conseil municipal de Blois accordait une concession perpétuelle gratuite aux restes des parents d'Augustin et d'Amédée Thierry.

Nous reproduisons ci-dessous ces documents :

— 23 —

Séance du 3 Août 1839

PRÉSIDENCE DE M. MAIGREAU, MAIRE

Étaient présents : MM. Aucher-Lemaignen, Bergevin, Bertheau, Couteau, Dupuy, Labbé, Desfray, Fesneau, Jacquet, Lange, Leroy, Pierre Péan, Petit, Pareau, Riffault, Saint-Vincent, Selleron, Sureau et Blau, secrétaire.

Concession de terrain dans le cimetière.

Sur la proposition de M. le Maire, le Conseil décide que la concession temporaire faite dans le cimetière de Blois, pour la tombe de M. Thierry, père de nos deux célèbres compatriotes et ancien bibliothécaire de la ville de Blois, sera rendue gratuitement perpétuelle. Cette concession avait été demandée seulement sous une forme temporaire, à l'époque du décès de M. Thierry ; c'était sans doute une inadvertance de la personne qui représenta alors spontanément la famille, inadvertance que le Conseil doit s'empresser de réparer.

———

Séance du 10 Août 1860

PRÉSIDENCE DE M. EUG. RIFFAULT, MAIRE

Étaient présents : MM. Blau, Bretonneau, Deloynes, Duclos, Ferron, Fesneau, Gaullier, Lafon de Laduye, Lemaignen, Mathagon, Nuret, Péan, Villers et Dezairs, secrétaire.

Tombe de M. Thierry père

M. le Maire rappelle au Conseil que M. Thierry, bibliothécaire de la Ville, père de nos deux compa-

triotes, MM. Augustin et Amédée Thierry, est décédé
à Blois, en 1839, et qu'à cette époque le Conseil municipal a, par délibération en date du 3 août, même
année, rendu gratuitement perpétuelle la concession
temporaire de terrain dans lequel M. et Mme Thierry,
père et mère, étaient inhumés. Le cimetière des Ca-
pucins, dans lequel a eu lieu cette concession étant
supprimé, le Conseil municipal, sur la proposition
du Maire, a pensé que pour donner un nouveau
témoignage de sympathie à la famille de M. Thierry,
il y avait convenance de faire aux frais de la caisse
municipale le transfèrement, dans le nouveau cimetière et dans les terrains destinés aux concessions
perpétuelles, des restes de M. et Mme Thierry. Ce
transfèrement a eu lieu, et, à cette occasion,
M. Amédée Thierry, sénateur, a adressé à M. le Maire
une lettre dont il est donné lecture au Conseil.

Le Conseil municipal après avoir entendu la lecture de cette lettre déclare, en tant que de besoin et
par renouvellement de la délibération précitée,
concéder gratuitement et à perpétuité à la famille
Thierry, le terrain de six mètres de superficie dans
lequel les restes de M. Thierry père ont été déposés
au nouveau cimetière et décide que la lettre de
M. Amédée Thierry sera transcrite sur le registre de
ses délibérations.

Voici, en effet, le texte de la lettre que, très touché
de cette marque d'attachement donnée par leur ville
natale à ses grands-parents, le survivant des deux
frères, M. Amédée Thierry, adressa à cette occasion
à la municipalité de Blois :

Monsieur le Maire,

Je suis rentré de mon récent voyage à Blois plein d'une émotion à la fois triste et douce. Cette pieuse protection que ma ville natale daigne attacher aux restes mortels de ma famille est pour mon nom le plus éclatant des honneurs et pour mon cœur le plus cher des bienfaits.

J'ai pu vous dire tout cela de vive voix, Monsieur le Maire, mais j'ai besoin d'exprimer aussi toute ma gratitude à MM. les Membres du Conseil municipal. Je vous prie d'être près d'eux mon interprète. Je les remercie au nom de la partie de ma famille restée à Blois, et au nom de mes fils qui, blaisois seulement par le cœur, apprennent d'eux à aimer la patrie de leur père. J'invoquerai aussi la mémoire du frère que Dieu m'a enlevé, après une vie de gloire et de souffrances et qui, en 1839, remerciait vos prédécesseurs, comme je vous remercie moi-même aujourd'hui. A quelque époque que nous nous arrêtions depuis trente ans, nous trouvons dans vos archives, avec la trace d'un nouvel honneur pour nous, celle de notre reconnaissance qui sera éternelle.

Agréez, je vous prie, Monsieur le Maire, et veuillez faire agréer de MM. les Membres du Conseil municipal cet hommage d'un compatriote respectueux et dévoué.

Amédée Thierry.

La tombe des époux Thierry, ajoutait M. Belton, se trouve au rond-point central du cimetière, au midi de la pyramide qui fait le centre de ce rond-point. Elle est surmontée d'une pierre plate debout, élevée sur un socle, et sur laquelle on lit l'inscription suivante :

A LA MÉMOIRE
DE M. JACQUES THIERRY
NÉ A ORLÉANS, LE 17 MAI 1763
DÉCÉDÉ A BLOIS, LE 15 AOUT 1836
ET DE DAME CATHERINE LEROUX
SON ÉPOUSE
NÉE A BLOIS, LE 11 OCTOBRE 1771
(DÉCÉDÉE LE 10 OCTOBRE 1829

—

PRIEZ DIEU POUR EUX

—

LEURS ENFANTS
AUGUSTIN, AMÉDÉE ET ADÉLAÏDE THIERRY
CONCESSION PERPETUELLE GRATUITE
(DÉLIBERATION DU CONSEIL MUNICIPAL DU 3 AOUT 1839)

« Des ifs, déjà vieux, et qui sans doute furent plantés lors de la translation de 1860, ombragent la tombe respectée du père et de la mère d'Augustin Thierry » (1).

Des démarches étaient ensuite décidées tant auprès du Préfet de Loir-et-Cher, pour le prier d'accepter la présidence d'honneur de la Commission, qu'auprès de M. Gilbert-Augustin Thierry, pour le tenir au courant de ce qui avait été fait, lui demander conseil et savoir si la date des fêtes, fixée en principe à la première quinzaine de novembre, lui agréait.

(1) *Indépendant de Loir-et-Cher,* 2 juin 1895.

Une nouvelle réunion avait lieu, le 24 juin, à l'Hôtel de Ville de Blois, à laquelle assistait M. Gilbert-Augustin Thierry, venu exprès de Paris.

Tout d'abord, M. Belton exposait à grands traits ce que devait être cette fête purement littéraire et intellectuelle. La ville de Blois devait pouvoir compter sur le concours de l'Académie des Inscriptions et Belles-Lettres, dont Augustin Thierry fut un des plus illustres membres et sur l'Académie française, qui, durant quinze ans, lui accorda le grand prix Gobert. Des discours seraient certainement prononcés au nom des deux Compagnies, et tout portait à croire que M. le Ministre de l'Instruction publique, à moins d'empêchements matériels, aurait à cœur d'assister à ces fêtes et sans doute d'y prendre la parole. Il y aurait donc lieu de faire auprès de lui une démarche personnelle dans ce sens, ainsi qu'auprès des deux Académies.

La presse serait largement conviée à cette cérémonie que terminerait un grand banquet ; et, peut-être même, pourrait-on obtenir le concours de la Comédie-Française pour une représentation de gala, au cours de laquelle un à-propos en vers d'un poète local pourrait être dit.

M. Gilbert-Augustin Thierry se ralliait pleinement à ce plan. A la première nouvelle des intentions de la ville de Blois toute la presse avait déjà donné avec un admirable ensemble. Ce qu'on projetait, c'était une fête, à laquelle la politique n'aurait rien à voir.

Cependant dès cette réunion, l'idée d'un buste à inaugurer dans un square ou sur une des places de la ville fut mise en avant. La Commission s'y montra, ce jour là, opposée, estimant, ainsi que M. le Maire de Blois, qu'un buste était chose insuffisante et que ces fêtes seraient, au contraire, le véritable point de départ d'une souscription publique, pour l'érection à Blois d'une statue d'Augustin Thierry.

Le programme de la journée du 10 novembre, — date à laquelle se ralliait la famille, moyennant acceptation du Ministère et des Académies, — se résumait donc en une conférence au cours de laquelle prendraient la parole les représentants de l'Académie Française et de l'Académie des Inscriptions et Belles-Lettres et en un banquet, pour lequel la ville de Blois ferait des invitations et provoquerait d'autre part des souscriptions.

Un moment, il avait été question de grouper autour de cette fête un congrès des Sociétés savantes de Paris et des départements. Mais le peu de temps dont on pouvait disposer pour la préparation de ce congrès, ne permit pas de mettre à exécution cette idée, si bonne qu'elle fût.

Après que M. le Maire aurait, en la prochaine séance du Conseil municipal, déposé la demande des crédits afférents à cette fête, les démarches nécessaires seraient faites auprès de M. le Ministre de l'Instruction publique et des deux Académies.

M. Gilbert-Augustin Thierry se mettait, en outre, à l'entière disposition de la ville, pour l'aider de tout son pouvoir et pour appuyer auprès de M. Claretie, administrateur général de la Comédie-Française, la demande tendant à obtenir son concours, pour une représentation de gala.

Le vendredi 19 juillet, MM. Guéritte et Belton,

président et vice-président de la Commission du Centenaire, étaient reçus par M. le Ministre de l'Instruction publique.

Les délégués de la ville de Blois furent admirablement accueillis par M. Poincaré, qui s'engagea formellement à venir présider, le 10 novembre, les fêtes du Centenaire (1).

Cette nouvelle fut aussitôt portée à la connaissance de la population par la note suivante, communiquée par les soins de la Municipalité à la presse blaisoise :

Vendredi matin, à 10 heures, la délégation chargée d'inviter M. le Ministre de l'Instruction publique à présider les Fêtes du Centenaire d'Augustin Thierry, a été reçue par M. Poincaré. Elle était composée de MM. Guéritte, maire de Blois ; Belton, avocat, vice-président du Comité, et Maxime Blanchon, président de l'*Association Amicale des anciens Elèves du Collège*. M. le Préfet de Loir-et-Cher a présenté les délégués, auxquels avaient bien voulu se joindre MM. Jullien et Gauvin, députés. Tous les autres représentants du département, empêchés de se trouver à la réunion, avaient envoyé leur adhésion.

Monsieur le Ministre a fait aux délégués le meilleur accueil ; il a accepté l'invitation qui lui était faite au nom de la ville de Blois, ainsi que la date du 10 novembre, qui avait été proposée pour cette fête.

Des invitations vont être immédiatement adressées à l'Académie Française et à l'Académie des Inscriptions et Belles-Lettres.

(1) **M.** Poincaré était, le 15 octobre suivant, officiellement désigné pour représenter le gouvernement à l'inauguration du monument d'Augustin Thierry.

(*Avenir de Loir-et-Cher*, 16 octobre 1895).

Le 22 juillet, MM. Guéritte et Belton rendaient compte à la Commission du Centenaire, réunie à l'Hôtel de Ville, de leur démarche auprès du Ministre de l'Instruction publique.

M. Poincaré avait formellement promis de venir, le 10 novembre, présider les fêtes de Blois. Mais, un Ministre ne se dérangeant guère pour une cérémonie commémorative, lorsqu'il n'y a pas un monument, si modeste soit-il, à inaugurer, il semblait y avoir lieu de revenir à l'idée, abandonnée par la Commission en sa dernière réunion, d'utiliser un des bustes d'Augustin Thierry que possédait la ville de Blois, soit celui de la Bibliothèque, soit celui du Collège et de pourvoir à son érection sur une de nos promenades.

Ce fut l'avis du Comité et il fut décidé que l'un des deux bustes serait placé dans le square Victor-Hugo. M. Pillette, architecte de la ville, était chargé de faire le projet et le devis du piédestal.

Enfin, dès le lendemain, il devait être écrit à l'Académie Française et à l'Académie des Inscriptions et Belles-Lettres, pour solliciter des deux Compagnies qu'elles se fassent représenter aux fêtes du 10 novembre.

Voici le texte de ces deux lettres :

A M. le Secrétaire perpétuel de l'Académie Française,
à l'Institut, Paris.

Monsieur le Secrétaire perpétuel,

J'ai l'honneur de vous prier, au nom de la ville de Blois, de vouloir bien exprimer à l'Académie Française le prix qu'elle attacherait à la faveur insigne que lui accorderait l'illustre Compagnie, en se faisant représenter, le 10 novembre prochain, aux fêtes du Centenaire d'Augustin Thierry, que doit présider M. le Ministre de l'Instruction publique et de Beaux-Arts.

Si l'auteur des *Récits des Temps Mérovingiens* ne fut pas de l'Académie Française, il lui appartint par ses travaux et par la haute récompense (le grand prix Gobert), qui, durant quinze années consécutives, lui fut décerné.

J'ose espérer, Monsieur le Secrétaire perpétuel, que l'Académie Française voudra bien accueillir favorablement cette démarche et se faire représenter à ces fêtes.

Veuillez agréer, je vous prie, Monsieur le Secrétaire perpétuel, l'expression de mes sentiments respectueux.

Le Maire de Blois,
Jules GUÉRITTE.

A M. le Secrétaire perpétuel de l'Académie des Inscriptions et Belles-Lettres, à l'Institut, Paris.

Monsieur le Secrétaire perpétuel,

J'ai l'honneur de vous prier, au nom de la ville de Blois, de vouloir bien exprimer à l'Académie des Inscriptions et Belles-Lettres, le prix qu'elle attacherait à la faveur insigne que lui accorderait votre Compagnie, en se faisant représenter, le 10 novembre prochain, aux fêtes du Centenaire d'Augustin Thierry, que doit présider M. le Ministre de l'Instruction publique et des Beaux-Arts.

L'auteur des *Récits des Temps Mérovingiens* fut, en effet, l'un des membres les plus illustres de l'Académie des Inscriptions et Belles-Lettres, et j'ose espérer que la Compagnie voudra bien se faire représenter à ces fêtes.

Veuillez, je vous prie, Monsieur le Secrétaire perpétuel, agréer l'expression de mes sentiments respectueux.

Le Maire de Blois,
JULES GUÉRITTE.

La réponse ne se fit pas attendre. Les deux Académies répondirent favorablement à la demande qui leur était faite et quelques jours plus tard, M. le Maire de Blois recevait les lettres déléguant MM. Brunetière et Wallon, pour les représenter aux fêtes du Centenaire :

INSTITUT DE FRANCE

ACADÉMIE FRANÇAISE

Paris, le 30 juillet 1895.

Le Secrétaire perpétuel de l'Académie à Monsieur le Maire de la ville de Blois.

Monsieur le Maire,

J'ai donné connaissance à l'Académie, dans sa séance du 25 juillet courant, de votre lettre en date du 23 juillet, par laquelle au nom de la Municipalité de la ville de Blois, vous lui demandez de se faire représenter, le 10 novembre prochain, aux fêtes du Centenaire d'Augustin Thierry.

Je m'empresse de vous informer que l'Académie est heureuse de pouvoir se faire représenter à cette cérémonie et qu'elle a fait choix pour son délégué de M. Brunetière.

Veuillez agréer, Monsieur le Maire, l'expression de mes sentiments de haute considération.

Le Secrétaire perpétuel de l'Académie Française,
G. BOISSIER.

INSTITUT DE FRANCE

ACADÉMIE DES INSCRIPTIONS ET BELLES-LETTRES

Paris, le 30 juillet 1895.

Le Secrétaire perpétuel de l'Académie
à Monsieur le Maire de la ville de Blois.

Monsieur le Maire,

J'ai communiqué à notre Compagnie, dans sa dernière séance, la lettre par laquelle vous lui demandez de se faire représenter, le 10 novembre prochain, aux fêtes qui doivent avoir lieu à Blois pour la célébration du Centenaire d'Augustin Thierry.

J'ai l'honneur de vous informer que l'Académie, se rendant avec empressement à votre invitation, m'a désigné pour la représenter à ladite cérémonie.

Veuillez agréer, Monsieur le Maire, l'assurance de ma considération très distinguée.

H. WALLON.

D'ailleurs, avant même que la date de la fête fut exactement spécifiée par les journaux de Paris, la célébration du Centenaire du grand historien, entreprise par la ville de Blois, ralliait toutes les sympathies. Témoin cette lettre d'un de nos érudits les plus appréciés, M. de Maulde, que nous prenons la liberté de reproduire :

> Monsieur le Maire,
>
> Comme historien de la Renaissance française, j'ai eu souvent, dans mes ouvrages, à m'occuper de Blois ; le projet que vous avez formé de glorifier l'histoire à Blois en la personne de M. Augustin Thierry ne peut donc que m'intéresser particulièrement.
>
> Malheureusement, je ne sais si je pourrai y participer, ayant déjà dû accepter une invitation du Gouvernement Génevois afin d'aller faire des conférences à l'Université de Genève au commencement de novembre.
>
> Auriez-vous la bonté, Monsieur le Maire, de me faire connaître le programme exact de Blois, afin que je puisse me rendre compte des dates exactes ?
>
> Veuillez agréer, Monsieur le Maire, les expressions de ma haute considération.
>
> R. DE MAULDE,
> *10, Boulevard Raspail.*

Paris, 27 VI — 95.

Le transfert d'un buste d'Augustin Thierry étant décidé square Victor-Hugo, restait à savoir sur lequel des deux bustes, — celui de la Bibliothèque ou celui du Collège — se porterait le choix de la Commission.

Sur l'avis de M. Pillette, partagé par ses collègues, le beau buste du sculpteur Iselin, déposé jusque-là à la Bibliothèque, obtint la préférence, comme traité avec beaucoup plus d'ampleur et offrant un effet plus décoratif.

Ce buste a d'ailleurs son histoire. Offert en 1866 par Amédée Thierry à la ville de Blois, il faisait, dès 1864, l'objet d'une lettre de M. Amédée Thierry à l'un de ses amis de Blois, M. B..... Les archives — bien modestes — de l'*Association Amicale des Anciens Elèves du Collège de Blois* en possèdent l'original.

M. Belton a eu d'ailleurs la bonne idée d'en reproduire les principaux passages, dans une note intéressante du *Petit Blésois*, en date du 11 avril 1895 :

« Le buste de mon frère est achevé et disponible. L'original, destiné aux galeries de Versailles, a eu le plus unanime succès à la dernière exposition ; la copie n'est pas moins belle d'exécution et le marbre en est superbe. Il s'agit maintenant de fixer le moment où j'en ferai hommage à la ville de Blois, et de déterminer le lieu où il sera placé.

« M. Riffault (1) ne jugerait-il pas opportun d'en faire l'inauguration pendant la session du Conseil général, lorsque plusieurs des anciens condisciples d'Augustin Thierry, aujourd'hui disséminés dans les divers cantons, se trouveraient officiellement réunis ?

(1) Alors maire de Blois.

Dites-lui en un mot, mon cher ami, et faites-moi connaître ce qu'il en pense. Je prendrais ici mes mesures pour que le buste, convenablement emballé, arrivât à la mairie quelques jours seulement avant la cérémonie.

« L'emplacement est aussi une affaire très importante. Le placera-t-on au Musée ? Il faut alors chercher un jour convenable, un endroit suffisamment isolé, et un piédestal d'une certaine forme et d'une certaine dimension. Pour décider ce détail très essentiel, M. Iselin, l'éminent statuaire, auteur du buste, me propose de venir à Blois examiner par lui-même les choses, et je crois en effet que ce sera le meilleur moyen de trancher la question d'exécution, quand M. le Maire aura désigné le lieu. Nous partirons ensemble dans une dizaine de jours ; nous vous aviserons, ainsi que M. Riffault .. »

L'Administration municipale de l'époque, mit, semble-t-il, aux pourparlers une sage lenteur ; dix-huit mois se passèrent en effet, avant qu'une décision ait été prise et le choix décidé d'un emplacement.

Enfin, la grande salle de la·Bibliothèque, alors installée à l'Hôtel de Ville, fut choisie. La remise du buste par M. Amédée Thierry, et la cérémonie à laquelle elle donna lieu, se trouvent tout au long relatées, dans les registres des délibérations du Conseil municipal :

Séance du 17 février 1866

M. le sénateur Amédée Thierry a fait don à la ville de Blois du buste d'Augustin Thierry, son frère. Ce

buste est l'œuvre de M. Iselin. L'inauguration a eu
lieu le vendredi 19 janvier 1866, dans la grande
salle de la Bibliothèque, en présence de M. le Préfet,
de M. le Maire, des Membres du Conseil municipal,
et d'un nombreux concours de personnes notables de
la ville.

M. Amédée Thierry qui était venu lui-même à
Blois, accompagné de son fils, pour trouver d'accord
avec M. le Maire un emplacement convenable pour
le buste de son frère, a lu le discours suivant :

« Monsieur le Maire, j'offre à la ville de Blois le
buste de mon frère Augustin Thierry, et je vous prie
de vouloir bien être officiellement, près du Conseil
municipal, l'interprète de cet hommage. En le faisant,
je réponds aux sentiments de ce frère tant regretté, de
cet historien illustre dont la science pleurera longtemps la perte. L'auteur de la *Conquête de l'Angleterre par les Normands* a toujours eu le cœur blésois,
à ce double titre, son image devait être au milieu de
vous. Parmi les gloires si méritées dont sa vie a été
si remplie, il a regardé comme une des plus douces
vos applaudissements, votre constante affection, et ce
culte public, le mot n'est pas trop fort, que ses vieux
amis et ses compatriotes se sont plu à lui rendre
pendant sa vie et après sa mort. Pour moi, pour mes
fils, dont l'aîné m'accompagne ici, et pour le reste de
ma famille, les honneurs dont vous n'avez cessé d'entourer notre nom depuis bientôt quarante ans, et que,
par une sollicitude touchante, vous avez étendus
sur tous les êtres qui nous étaient chers, nous ont
remplis de la plus sincère gratitude. Si la ville de

Blois est pour ses enfants une bonne mère, elle peut compter qu'elle trouvera en nous des enfants reconnaissants et dévoués ».

A ce discours, accueilli par de nombreux applaudissements, M. le Maire a répondu en quelques mots improvisés par lesquels, en acceptant au nom de la ville l'hommage qui lui est fait, il s'est rendu l'interprète des sentiments qui animent les habitants de Blois pour la mémoire de leur illustre compatriote et de toutes leurs sympathies pour sa famille.

M. le Maire a pensé qu'il devait rester trace durable sur les registres du Conseil municipal de la cérémonie du 19 janvier 1866 ; qu'en outre il y avait lieu de donner une forme solennelle à l'acceptation du buste d'Augustin Thierry et aux sentiments de reconnaissance qu'il a déjà exprimés en son nom.

M. le Maire propose donc au Conseil d'adresser à M. Amédée Thierry la lettre suivante :

« Monsieur le Sénateur, le Conseil municipal a été profondément touché du don que vous venez de faire à la ville de Blois du buste d'Augustin Thierry et des paroles que vous avez prononcées à cette occasion.

« Il vous adresse les sincères remerciements de la ville de Blois. Elle ne peut qu'être honorée par tout ce qui rappellera qu'elle a donné le jour à Augustin Thierry. Elle est heureuse et fière de posséder les traits, reproduits par un habile ciseau, de notre illustre compatriote. Parmi tant de précieux souvenirs dont elle peut s'enorgueillir, il n'en est point de plus glorieux pour elle que celui de notre grand historien. Aussi c'est un devoir pour nous d'entourer de respect et d'hommages le nom de Thierry, lui rendant ainsi en culte pieux, dans la mesure de nos forces, tout ce qu'il a donné d'illustration à sa ville natale.

« Il nous est doux de penser qu'il avait gardé un cœur blésois, lorsque par sa renommée il appartenait à la France entière.

« Permettez-moi, Monsieur, de ne pas séparer votre nom de celui de votre frère ; les habitants de Blois sont habitués à les confondre dans un sentiment commun de respect affectueux, d'admiration pour tant de beaux ouvrages, honneur des lettres françaises, et pour une carrière si noblement remplie.

« Croyez aussi, Monsieur, et redites à tous les vôtres, que cette ville de Blois que vous appelez une bonne mère, n'oubliera jamais ceux de ses enfants qui, après vous, porteront dignement ce nom de Thierry, toujours honoré par les générations qui doivent nous suivre. »

Le Conseil arrête :

Le Conseil municipal accepte le don qui est fait à la ville de Blois par M. le sénateur Amédée Thierry du buste de son frère, œuvre de M. Iselin.

Le Conseil saisit avec empressement cette occasion de rendre de nouveau témoignage des sentiments des habitants de Blois pour la mémoire de leur illustre compatriote, pour son frère M. le sénateur Amédée Thierry et pour sa famille.

Il invite M. le Maire à adresser à M. Amédée

Thierry la lettre ci-dessus transcrite avec l'expédition de la présente déclaration.

En 1887, la Bibliothèque municipale ayant été transportée des locaux trop exigus de l'Hôtel de Ville, dans l'installation luxueuse que l'on sait du Château de Blois : le buste d'Iselin fut placé dans la seconde salle, sous un jour malheureusement peu favorable.

Ce fut donc sur ce buste que se porta le choix de la Commission.

Un buste dans un square, c'est peu dira-t-on peut-être, alors que tant d'illustres inconnus sont dans leur sous-préfecture natale, magnifiés par le bronze, heureux encore quand des figures aussi nues que symboliques ne les viennent pas couronner de l'immortel laurier.

Qu'importe, ce devait être là un premier hommage, tout intime, maternel presque, rendu par la ville de Blois à l'un de ses enfants les plus chers et il ne faut pas désespérer de voir, en un avenir pas très lointain, le buste devenir statue et le marbre se tranformer en bronze (1).

(1) L'idée d'une statue d'Augustin Thierry à Blois ne date pas, faut-il le dire, d'aujourd'hui.

Dès juin 1852, un humoriste amusant, en une chronique du *Journal de Loir-et-Cher* — si peu récréatif en général — présageait pour l'aîné des frères Thierry les honneurs futurs du bronze. Et la note est d'une jolie ironie, évoquant au sujet de l'indignation des bons bourgeois de Blois en présence des affiches de la seconde édition du volume de début d'Armand Baschet : *Honoré de Balzac, essai sur l'homme et sur l'œuvre* (Paris, D. Giraud et J. Dagneau, 1852, in-12, de 250 pages), l'indignation des pères de ces mêmes bourgeois aux premiers ouvrages de Thierry :

« M. Armand Baschet a d'ailleurs de quoi se consoler dans l'exemple d'un illustre devancier. Lorsque la première œuvre d'Augustin Thierry parut : « Eh quoi ! se dirent les Blésois, n'est-ce pas le fils du père Thierry, ce gros bonhomme qui porte une redingote verte ? et ils haus-

Et ne sera-ce pas sa réhabilitation, à ce pauvre
bronze moderne, si fort encanaillé par les redingotes
de tant de Gaudissarts de la politique et de la finance !

Ainsi à la veille même de l'inauguration du monument, décrivions-nous ce buste :

sèrent les épaules. Aujourd'hui cependant nous avons tous les œuvres
du fils de ce gros bonhomme parmi nos quelques livres, et nos enfants,
probablement, lui érigeront une statue de bronze pour honorer quelqu'une
de nos places publiques..... » H. C. *(Journal de Loir-et-Cher)*.

Et, cinq ans et demi plus tard (3 janvier 1858), en une fine fantaisie,
Revue de Blois en 1957, M. Dupré, ce bibliothécaire modèle, sorte de
Bénédictin laïc qui savait être, à ses heures, un chroniqueur plein d'esprit, ne prophétisait-il pas, sur la place Louis XII, l'érection de la
statue du grand historien :

« Les lettres ont obtenu légitimement parmi nous le même culte que
les travaux d'une utilité plus positive. L'homme ne vit pas seulement de
pain ; et si c'est un mérite de travailler à nourrir le corps, les ouvriers
de la pensée, en distribuant aux esprits la manne intellectuelle, acquièrent
un égal titre à la reconnaissance de leurs concitoyens éclairés. Voilà
pourquoi notre place Louis XII a vu se dresser naguères la statue
d'Augustin Thierry et porte maintenant le nom sympathique de cet
ingénieux historien qui a su rendre la couleur et la vie aux époques les
plus arides de nos origines nationales. L'endroit choisi convenait bien ;
l'hommage décerné à ce talent hors ligne ne pouvait être mieux placé
qu'à côté du berceau de son enfance et de son éducation littéraire. Le
savant et pittoresque narrateur de la *Conquête de l'Angleterre par les
Normands,* le peintre habile des temps mérovingiens, l'apologiste populaire des luttes généreuses de la bourgeoisie française, a reçu le jour tout
près d'ici et il a suivi les cours classiques du Collège communal que
vous voyez. Ces murs peuvent encore redire les premières inspirations
rétrospectives du jeune humaniste qui déjà songeait à ranimer les
tronçons épars de races oubliées. Sa grande ombre, toujours présente,
semble veiller sur les destinées d'une maison justement fière du souvenir
des frères Thierry... »

C'est là une allusion à la maison portant le no 13 de la rue des
Violettes, où vint se fixer, en quittant la rue Fontaine-des-Élus, la
famille Thierry. Mais ainsi qu'on l'a vu, par l'acte de naissance, reproduit en tête de cette étude, c'est rue des Rouillis (aujourd'hui rue Guerry)
qu'était né Augustin Thierry tandis que son frère et sa sœur devaient
naître rue Fontaine des-Élus, au cœur du vieux Blois. La maison de la
rue des Violettes, qui, jusqu'à sa mort, devait être habitée par madame
Etève, ne fut donc pas pour Augustin et pour Amédée Thierry la maison
natale, mais la maison de leur enfance, alors que déjà ils suivaient les
cours du Collège.

« Ce buste est vraiment superbe. Le front puissant, l'œil profondément enfoncé sous l'arcade sourcilière: c'est là le penseur, dans toute sa maturité, non plus l'homme jeune encore que David d'Angers modela, mais l'historien dans toute sa gloire et dans toute sa force intellectuelle.

Pour ce buste, placé aujourd'hui dans le square Victor-Hugo, face à la rue Porte-Côté, M. Pillette, l'intelligent et très artiste architecte de la ville, a composé un piédestal d'un joli effet décoratif.

Le monument a un aspect intime : ce que doit être à Blois une fête consacrée à l'un de ses meilleurs enfants. C'est moins le grand homme que le blaisois au grand cœur, quelque grand-père de marbre, silencieux et doux, autour duquel joueront les enfants, tandis que dans les arbres voisins des oiseaux pépieront (1). »

Si nous tenons à reproduire ces quelques phrases, c'est que, malgré leur indignité, elles ont eu, — on le verra, — la singulière bonne fortune d'être mises à profit par presque tous nos confrères qui ont rendu compte de la fête.

Quant au buste du Collège il est de beaucoup plus récent et date à peine d'une quinzaine d'années. Ce fut en 1881 qu'il fut commandé par le Ministère de l'Instruction publique au sculpteur François Roger, qui, d'après les renseignements mêmes que nous tenons de lui, se servit pour sa composition du mé-

(1) *Progrès de Loir-et-Cher*, 10 novembre 1895.

daillon de David, avec lequel il offre, en effet, une ressemblance frappante (1).

Complètement paralysé aujourd'hui et retiré à Rambervillers, son pays natal, dans les Vosges, l'auteur de ce buste est un artiste de talent, auquel, outre ses nombreux envois aux différents salons, de 1873 à 1889, on doit le fronton du bâtiment de l'avenue de Suffren lors de l'exposition de 1889.

La ville de Blois possède enfin un troisième buste d'Augustin Thierry, fort ignoré du public, et dont il n'a pas été jusqu'ici parlé. D'un auteur inconnu et déposé au Musée de Blois, sans que l'on en sache l'origine, il a été l'objet d'une reproduction en marbre. Les nombreux repères du praticien que l'on y remarque en témoignent.

Le 24 septembre, la Commission du Centenaire se réunissait à nouveau à l'Hôtel de Ville, et, après avoir pris connaissance du projet de M. Pillette, architecte de la ville, fixait ainsi le programme de la journée du 10 novembre.

La Commission du Centenaire d'Augustin Thierry, sur le rapport qui lui a été présenté par son secrétaire, au nom de son bureau,

A, dans sa séance du 24 septembre dernier, fixé ainsi, sous le bénéfice de l'acceptation de M. le Ministre de l'Instruction publique et de M. le Préfet de Loir-et-Cher, le programme de la journée d'inaugu-

(1) Il existe un exemplaire de ce médaillon, l'un des plus beaux et les plus rares de David, à la Bibliothèque de Blois

ration du buste commémoratif d'Augustin Thierry, dans le square Victor-Hugo, à Blois.

Pensant que M. le Ministre arriverait par le train de onze heures cinquante du matin, elle a d'abord réservé une heure, de midi à une heure, pour la réception des fonctionnaires, à l'Hôtel de la Préfecture.

A une heure et demie, aurait lieu, square Victor-Hugo, l'inauguration du buste d'Augustin Thierry.

Divers discours devant être, sans doute, prononcés, tant par le Maire de Blois, au nom de ses concitoyens, pour souhaiter la bienvenue au représentant du gouvernement de la République, que par M. le Ministre lui-même et que par MM. Brunetière et Wallon, au nom de l'Académie française et de celle des Inscriptions et Belles-Lettres : cette cérémonie ne prendrait fin que vers trois heures et demie ou quatre heures.

M. le Ministre serait ensuite, s'il lui convient, conduit au Collège pour le visiter, ainsi qu'au pavillon Anne-de-Bretagne, nouvellement restauré, et dont la Société des Sciences et Lettres de Loir-et-Cher serait heureuse de voir présider l'inauguration par M. le Ministre.

Un grand banquet, suivi d'une représentation de gala au théâtre, serait servi, à six heures, dans une des salles de la partie Gaston du Château. A l'issue duquel, en se rendant au théâtre, M. le Ministre pourrait assister aux illuminations de la façade François Ier du Château de Blois et à l'embrasement du square Victor-Hugo.

Ce programme était, en date du 27, soumis à M. le Préfet de Loir-et-Cher, et, à sa prière, toutes les heures indiquées étaient retardées d'une heure et demie : le représentant du gouvernement désirant offrir à déjeuner au Ministre à la préfecture.

Dès ce jour, la liste était par avance dressée pour des invitations à faire, au nom de la Ville, pour le banquet.

Le 14 octobre, nouvelle réunion, au cours de laquelle diverses sous-commissions étaient formées :

Banquet et décoration du Château : MM. Chavigny, Gilles, Grenouillot et Pillette.

Théâtre : MM. Bar, Bourgeois, Contant, Dillard, Doutrebente et Guignard.

Réception des invités, logement, voitures, etc. : MM. Bauvallet, Balzer, Gilles, Rouget et Thibault.

Décoration de la place Victor-Hugo et des rues : MM. Grenouillot, Lafargue et Pillette.

MM. Guéritte, maire de Blois, Belton et Pierre Dufay, représentant le Bureau, se tenaient à la disposition constante des quatre sous-commissions.

Le 17 octobre, la Commission du Théâtre se réunissait sous la présidence de M. Guéritte, qui résumait l'entrevue qu'il venait d'avoir à Paris avec M. Gilbert-Augustin Thierry et M. Claretie, administrateur général de la Comédie-Française. L'on pouvait espérer son concours et les grandes lignes du programme une fois tracées, M. Adrien Dillard était chargé de se mettre en rapport avec Mademoiselle Ganne, de l'Opéra, pour solliciter également son concours pour la soirée de gala.

A cette date furent adressées les cartes de banquet

aux invités de la Ville et les lettres circulaires aux souscripteurs.

Voici le texte des unes et des autres :

VILLE DE BLOIS

FÊTES DU CENTENAIRE D'AUGUSTIN THIERRY

Le Maire, les Adjoints et les Membres du Conseil municipal de la Ville de Blois ont l'honneur de prier Monsieur ....

....

de vouloir bien honorer de sa présence le Banquet qui aura lieu le Dimanche 10 Novembre prochain, à six heures du soir, au Château de Blois, sous la présidence de Monsieur le Ministre de l'Instruction publique.

R. S. V. P.

avant le 1ᵉʳ Novembre.

VILLE DE BLOIS

—

CENTENAIRE

ɒ'Augustin Thierry

Monsieur,

A l'issue de l'inauguration du buste d'AUGUSTIN THIERRY, square Victor-Hugo, un grand banquet doit avoir lieu, le Dimanche 10 Novembre prochain, au Château de Blois, sous la présidence de M. le Ministre de l'Instruction publique.

La Commission du Centenaire serait, à cette occasion, heureuse de vous compter parmi ses adhérents, et je viens, en son nom, vous prier de vouloir bien me faire connaître, avant le 1er Novembre, s'il vous sera agréable de prendre part à ce banquet.

Veuillez agréer, Monsieur, l'assurance de mes sentiments les plus distingués.

Le Maire de Blois.

Jules GUÉRITTE.

N. B. — La souscription au Banquet est de 10 francs.

Dès le surlendemain, les lettres de réponse commençaient à affluer à l'Hôtel de Ville, aussi bien des souscripteurs que des invités. Presque tous acceptaient avec le plus vif plaisir l'invitation de la Municipalité de Blois, et ceux qui ne pouvaient prendre part au banquet s'en excusaient en termes parfaits.

Nous reproduisons ci-dessous quelques-unes de ces lettres, intéressantes, soit par les personnalités dont elles émanent, soit par leur contenu.

Tout d'abord, les réponses de MM. Brunetière et Wallon, délégués de l'Académie Française et de l'Académie des Inscriptions et Belles-Lettres, aux lettres personnelles leur offrant l'hospitalité de la Ville durant les fêtes du Centenaire :

REVUE
DES DEUX-MONDES
15, Rue de l'Université
PARIS
—

Monte-Carlo
le 23 Octobre 1895.

Monsieur le Maire,

J'accepte avec reconnaissance l'hospitalité que vous voulez bien m'offrir au nom de la ville de Blois, et l'invitation que vous y avez jointe pour le banquet du 10 novembre.

Je prendrai certainement la parole, et même dès à présent, je puis vous informer que je la garderai *un quart d'heure* ou *vingt minutes.*

Je serai d'ailleurs à Blois le 9 novembre dans l'après-midi.

Veuillez agréer, je vous prie, Monsieur le Maire, l'expression de ma considération la plus distinguée.

F. BRUNETIÈRE.

Paris, 26 Octobre 1895.

Monsieur le Maire,

J'aurai l'honneur de me rendre à l'invitation que vous m'avez fait l'honneur de m'adresser au nom de la Municipalité et du Conseil municipal de Blois.

Je me propose de partir de Paris le 10 novembre au matin pour arriver à Blois à 11 h. 16, comme M. le Ministre de l'Instruction publique, et vous remercie de l'hospitalité que la Ville veut bien m'offrir à l'Hôtel de Blois.

Veuillez agréer, Monsieur le Maire, l'assurance de ma considération la plus distinguée.

H. WALLON.

M. de Rozière, Sénateur, Membre de l'Institut, adressait à M. le Maire de Blois, une lettre, non moins aimable, d'une belle inspiration et d'un grand intérêt :

SÉNAT   *Malzien-Ville (Lozère)*
—   *29 Octobre 1895.*

Monsieur le Maire,

Une courte absence a été cause qu'après avoir couru pendant plusieurs jours après moi, l'honorable et aimable lettre par laquelle vous avez bien voulu m'inviter au nom du Conseil municipal à venir prendre part aux fêtes que la ville de Blois se propose de célébrer le 10 novembre prochain, à l'occasion du Centenaire de l'illustre Augustin Thierry, ne m'est parvenue qu'hier au soir.

Je suis à la fois très flatté et très heureux de cette invitation.

J'ai beaucoup fréquenté dans ma jeunesse la maison de M. Augustin Thierry, qui m'honorait d'une bienveillance toute particulière. J'ai été dans les Comités historiques institués auprès du Ministère de l'Instruction publique un des collaborateurs de son éminent frère, M. Amédée Thierry ; enfin c'est à un de leurs compatriotes, confrères et amis, mon aïeul maternel, M. Pardessus, le savant jurisconsulte et habile administrateur, dont vous voulez bien dans votre lettre rappeler le souvenir en termes qui m'ont profondément touché, que je dois le peu que j'ai appris et tout ce que je suis devenu.

C'est donc avec un véritable bonheur que je m'associerai le 10 novembre aux hommages que doit rendre à l'un de ses plus illustres enfants cette heureuse ville de Blois, qui a compté à la fois cinq membres de l'Institut (1), et je vous prie de vouloir bien être auprès de MM. les Adjoints et du Conseil municipal l'interprète de ma gratitude.

Veuillez agréer, personnellement, Monsieur le Maire, l'expression de ma considération la plus distinguée.

Eug. DE ROZIÈRE.

De Bordeaux, où il s'est retiré en quittant Blois, et où il continue, malgré son grand âge, ses savants travaux, M. Dupré exprimait combien il avait été touché par cette invitation.

Bordeaux, le 27 Octobre 1895.

Monsieur le Maire,

Vous me faites l'honneur de m'inviter au banquet qui aura lieu au château de Blois, à l'occasion du

---

(1) C'étaient MM. Pardessus *(Académie des Inscriptions et Belles-Lettres)* ; Augustin Thierry *(Inscriptions et Belles-Lettres)* ; Amédée Thierry *(Sciences Morales et Politiques)* ; de la Saussaye *(Inscriptions et Belles-Lettres)* ; de Pétigny *(Inscriptions et Belles-Lettres)*.

Centenaire d'Augustin Thierry ; je vous remercie d'avoir pensé à moi, pauvre oublié : mais l'éloignement et mon grand âge ne me permettent pas de répondre à cette aimable invitation. Cependant, je m'associe de grand cœur aux fêtes que la ville de Blois prépare, pour honorer la mémoire d'un de ses plus illustres enfants.

Veuillez agréer, Monsieur le Maire, l'assurance de mes sentiments respectueux.

A. DUPRÉ.

Ancien bibliothécaire de la ville de Blois.

De vieux blaisois, ayant connu Augustin Thierry, tel M. Blanchon père, l'un des seuls survivants d'une génération, se faisaient inscrire des premiers parmi les souscripteurs.

Blois, le 24 Octobre 1895.

Monsieur le Maire,

Je m'empresse de vous assurer qu'il me sera d'autant plus agréable d'assister au banquet du 10 novembre auquel vous me conviez que je crois être le seul survivant à Blois qui ait connu intimement le savant compatriote dont la ville natale a enfin compris qu'il était temps de consacrer et de perpétuer le souvenir.

L'inauguration du buste d'Augustin Thierry sous votre administration, sera pour vous et pour votre Conseil municipal un titre de plus à la reconnaissance de vos administrés et en particulier à celle du dernier Blésois, ami du grand historien et de sa famille.

Veuillez croire, Monsieur le Maire, à mes sentiments les plus distingués.

A. BLANCHON père.

De la très copieuse correspondance de M. Gignoux — neveu par sa femme d'Augustin Thierry — nous nous bornons à extraire ce billet :

<table>
<tr><td>DÉPARTEMENT DE LA SEINE</td><td>RÉPUBLIQUE FRANÇAISE</td></tr>
<tr><td>Arrondissement de Sceaux</td><td>Liberté, Egalité, Fraternité</td></tr>
<tr><td>CANTON de CHARENTON</td><td>MAIRIE DE CRÉTEIL</td></tr>
<tr><td>N° ....</td><td>Le 25 Octobre 1895.</td></tr>
</table>

Le Maire de Créteil
à Monsieur Guéritte, Maire de la ville de Blois.

Monsieur et cher Collègue,

J'ai l'honneur de vous accuser réception de votre invitation, pour ma femme et pour moi, d'assister aux fêtes qui seront données à Blois, le 10 novembre prochain, à l'occasion du Centenaire d'Augustin Thierry.

En vous remerciant de cet envoi, je vous préviens que nous acceptons d'assister à ces fêtes et au banquet.

Recevez, Monsieur et cher Collègue, l'assurance de mes meilleurs sentiments.

Le Maire de Créteil,
A. GIGNOUX.

Mademoiselle Jeanne Chaufton, d'Orléans, fille d'une sœur décédée de Madame Gignoux, remerciait, en termes émus, la ville de Blois, de l'hommage rendu à son grand-oncle et regrettait vivement de ne pouvoir s'y associer autrement que de cœur :

Orléans, 25 Octobre 1895.

Monsieur le Maire,

Je viens de recevoir votre gracieuse invitation. J'y suis très sensible, mais à mon grand regret, étant en ce moment fort souffrante, je me verrai forcée d'y prendre part par la pensée seulement. J'aurais été cependant très heureuse de vous exprimer de vive voix combien je suis touchée de la façon dont les représentants de la ville de Blois honorent la mémoire de mon grand-oncle et vous prie dans la circonstance, de vouloir bien être mon interprète auprès de Messieurs les Adjoints et des Membres du Conseil municipal, pour leur transmettre les témoignages de ma plus vive gratitude.

Veuillez agréer, Monsieur le Maire, l'assurance de ma parfaite considération.

J. Chaufton,
Place du Châtelet, 15.

Des regrets encore, de Blaisois, empêchés soit par leur santé, soit par des deuils récents, de ne pouvoir prendre part au banquet du 10 novembre :

SÉNAT   *Blois, le 21 Octobre 1895.*
—

J'ai l'honneur d'adresser mes remerciements à Monsieur le Maire de Blois, à Messieurs les Adjoints et les Membres du Conseil municipal, pour leur invitation au banquet des fêtes du Centenaire d'Augustin Thierry, mais j'aurai le regret de ne pouvoir y prendre part, pour raison de santé. Je le regrette infiniment, et n'ai qu'un espoir, c'est que la saison me permette d'assister au moins aux fêtes de la journée.

Veuillez, Messieurs et chers Concitoyens, agréer mes salutations affectueuses.

Dr DUFAY.

Nice, le 25 Octobre 1895.

Monsieur le Maire,

Je vous suis très reconnaissant d'avoir bien voulu me transmettre l'invitation de la Commission du Centenaire d'Augustin Thierry.

Vous savez quels souvenirs m'attachent à notre Ville et à notre Collège. C'est moi-même qui étant Président de l'*Association amicale des Anciens Élèves* ai contribué à lui faire donner le nom de notre illustre compatriote Augustin Thierry.

Vous pouvez comprendre le regret que j'éprouverai de ne pouvoir assister aux fêtes que vous avez eu la bonne pensée d'organiser et au banquet.

Mais j'ai eu, au cours des vacances judiciaires, un accident grave au genou qui m'a condamné à une immobilité presque absolue et ne me permet pas actuellement le voyage.

Il ne fallait pas moins que cet empêchement matériel insurmontable pour m'empêcher d'être à Blois le 10 novembre.

Je vous prie de vouloir bien exprimer aux Membres de la Commission et agréer pour vous-même la sincère expression de mes regrets avec l'assurance de mes sentiments les plus distingués.

E. COUTEAU.

A. TROUËSSART   *Blois, le 22 Octobre 1895.*
Membre de la Société centrale
des Architectes
A BLOIS

Monsieur le Maire,

J'ai bien reçu l'invitation que vous avez bien voulu m'adresser pour m'inviter à prendre part au banquet donné à l'occasion du Centenaire de notre glorieux compatriote Augustin Thierry. Je serais heureux d'accepter votre invitation ; malheureusement, un deuil de famille trop récent m'interdit de participer à ces fêtes, si ce n'est de cœur, en bon Blésois que je suis.

Veuillez agréer, Monsieur le Maire, l'expression de mes sentiments respectueux.

A. TROUËSSART.

M. Giry, professeur à *l'Ecole des Chartes,* où il a continué dans ses cours, les recherches et les travaux du grand historien, regrettait également qu'un anniversaire douloureux l'empêchât de se rendre à Blois, le 10 novembre :

Paris, 2 Novembre 1895.

Monsieur le Maire,

J'ai été très honoré de l'invitation à l'inauguration du buste d'Augustin Thierry que vous avez bien voulu m'adresser au nom de la ville de Blois.

En d'autres circonstances, je me serais fait un devoir de participer à ces fêtes en l'honneur du grand écrivain dont les travaux ont tant contribué à la renaissance du goût de l'histoire dans notre pays ; mais l'anniversaire d'un grand deuil me retiendra à Paris précisément à cette époque, et je me trouve contraint de décliner votre si flatteuse invitation.

Veuillez agréer, Monsieur le Maire, mes excuses avec tous mes remerciements, et recevoir l'expression de mes sentiments les plus dévoués.

A. Giry.

D'autre part, Monseigneur l'Evêque de Blois libellait ainsi son acceptation, heureux de s'associer par sa présence à l'hommage rendu à l'historien :

ÉVÊCHÉ   *Blois, le 26 Octobre 1895.*
DE BLOIS

—

Monsieur le Maire,

Vous avez bien voulu m'inviter, ainsi que MM. les Adjoints et les Membres du Conseil municipal, à prendre part au banquet qui aura lieu au Château de Blois, à l'occasion du Centenaire d'Augustin Thierry.

J'aurai l'honneur de répondre à cette invitation à laquelle je suis très sensible.

Veuillez agréer, Monsieur le Maire, et faire agréer à MM. les Adjoints et les Membres du Conseil municipal, avec mes remercîments empressés, l'assurance de ma haute considération.

† CHARLES, *Évêque de Blois.*

Monsieur le Maire de la Ville de Blois.

M. Menault, Inspecteur général de l'Agriculture, dont on n'a pu oublier à Blois la bonne grâce et la complaisance, acceptait également l'invitation de la ville, à condition que sa santé lui permît de s'y rendre :

Angerville, 1er Novembre 1895.

Mon cher Monsieur Guéritte,

Je vous prie de vouloir bien être auprès de la Municipalité de Blois, dont j'ai gardé le meilleur souvenir, l'interprète de toute ma reconnaissance pour l'honneur qu'elle a bien voulu me faire, en m'invitant au banquet du Centenaire de votre illustre compatriote Augustin Thierry.

Je suis, en ce moment, pas très valide, mais peut-être que la nomination du nouveau Ministère va retarder votre cérémonie, alors je serai bien heureux si je puis me rendre à votre invitation. Ce sera pour moi un plaisir d'autant plus grand que je vous reverrai.....

Ernest MENAULT,
Inspecteur général de l'Agriculture.

Monsieur le Colonel de Rochas, administrateur général de l'Ecole Polytechnique, ancien Commandant du génie à Blois, dont on connaît les savantes et curieuses recherches (1) était heureux de se faire inscrire parmi les souscripteurs, comptant retrouver à Blois bon nombre des amis qu'il y avait laissés.

ÉCOLE POLYTECHNIQUE — . *Paris, le 24 Octobre 1895.*

Monsieur le Maire,

Je vous remercie de m'avoir fait l'honneur de penser à moi pour le banquet du 10 novembre et je me ferai

(1) Voir : *Mémoires de la Société des Sciences et Lettres de Loir-et-Cher*, tome XI (2e partie) : *Les Forces non définies. Recherches historiques et expérimentales*, par le Cᵗ DE ROCHAS. — Grande Imprimerie de Blois, 1887 — in-8°, p. 259 à 652.

Voir également dans la *Revue de Loir-et-Cher* du 31 janvier 1887 un plaisir de profiter de cette occasion pour revoir les amis que j'ai laissés à Blois et dont je conserve un si bon souvenir.

Veuillez agréer, Monsieur le Maire, l'expression de mes sentiments les plus distingués.

A. DE ROCHAS.

Monsieur le Maire de Blois.

Une bronchite devait malheureusement empêcher au dernier moment M. de Rochas de se rendre à Blois.

Note analogue et regrets de ne pouvoir se rendre à Blois, de la part de M. Arnould, ancien directeur de l'Enregistrement à Blois, et ancien président de la *Société des Sciences et Lettres*, où il a laissé d'unanimes regrets (1).

Troyes, ce 29 Octobre 1895.

Monsieur le Maire,

Je viens vous remercier de la très gracieuse attention que vous avez eue de m'inviter à prendre part au

(Blois, Impr. Cahot, dit de Reyval, 1887, in-4°) le compte rendu de la séance des *Sciences et Lettres* du 21 janvier 1887.

(1) Le nom de M. C. Arnould a d'ailleurs sa place dans la bibliographie blaisoise par l'étude, qu'à la suite de la mort du Comte de Chambord, il publia sous ce titre :

Chambord, origines de propriété ; par J.-B. C. Arnould, Directeur des Domaines à Blois. — Blois, imprimerie R. Marchand, 1884 — in-8° de 39 pages.

banquet qui doit avoir lieu, au château de Blois, le 10 novembre prochain.

J'aurais été très flatté d'assister à ce banquet, et très heureux d'y retrouver assurément beaucoup de vos compatriotes dont j'ai gardé le meilleur souvenir. Mais je ne pourrai, à mon grand regret, m'absenter à l'époque du Centenaire d'Augustin Thierry.

Veuillez bien agréer, Monsieur le Maire, avec mes remerciements, l'assurance de mes sentiments les plus distingués.

C. ARNOULD,

Ancien Directeur de l'Enregistrement à Blois,
actuellement Directeur honoraire.

Madame Jacques Thierry, veuve du plus jeune fils de M. Amédée Thierry, mort, jeune encore, après une brillante carrière dans l'armée, acceptait avec empressement l'invitation de la Ville :

Paris, le 6 Novembre 1895.

Monsieur le Maire,

Je suis très touchée de l'invitation que vous nous avez envoyée à mon fils (1) et à moi.

Nous vous en remercions et serons heureux d'assister aux fêtes données par la ville de Blois à notre illustre parent.

---

(1) M. Amédée Thierry vient d'entrer à Saint-Cyr et en portait l'uniforme aux fêtes du 10 novembre.

Recevez, Monsieur le Maire, l'assurance de mes sentiments de haute considération.

Gabrielle THIERRY.

L'auteur même du buste, le statuaire Iselin, tout en remerciant le Maire de l'invitation qui lui était adressée, regrettait vivement de ne pouvoir se rendre à Blois.

Clairegoutte, le 6 Novembre
par Ronchamp (Haute-Saône).

Monsieur le Maire,

J'ai reçu loin de Paris, l'invitation que vous m'avez fait l'honneur de m'adresser, à l'occasion de l'inauguration du buste et des fêtes du Centenaire d'Augustin Thierry.

Je regrette vivement, Monsieur le Maire, de ne pouvoir répondre à cette gracieuse invitation, étant retenu ici pour quelque temps encore par des affaires importantes.

Je vous prie, Monsieur le Maire, d'agréer mes excuses et mes remercîments et de les faire agréer à Messieurs les Membres de la Commission des fêtes qui ont bien voulu penser à moi dans cette circonstance.

Recevez, je vous prie, Monsieur le Maire, l'assurance de mes sentiments les plus distingués.

ISELIN, Statuaire.

M. G. Perrot, Directeur de l'Ecole Normale supérieure, espérait pouvoir représenter l'Ecole aux fêtes du Centenaire :

UNIVERSITÉ
de France
—

ÉCOLE NORMALE SUPÉRIEURE

Paris, le 1ᵉʳ Novembre 1895.

Monsieur le Maire,

Je vous remercie, vous et MM. les Membres du Conseil municipal, de vous être souvenus qu'Augustin Thierry a été élève de l'École normale. Je serai heureux de représenter l'École dans la fête que vous préparez, avec un de nos élèves, le chef de section de troisième année.

Si, par malheur, j'étais empêché (je commence un rhume que je vais d'ailleurs soigner de mon mieux), je déléguerais, pour me remplacer, un de nos professeurs d'histoire, M. Gabriel Monod. Nous tiendrons de toute manière notre place...

Veuillez agréer, Monsieur le Maire, avec tous mes remerciements, l'assurance de ma considération très distinguée.

G. PERROT.

La grippe devait en décider autrement. Non seulement M. Perrot, mais M. Gabriel Monod également, ne purent venir à Blois, retenus qu'ils étaient à la chambre.

Ce fut M. Bourgeois, l'un de leurs plus distingués collaborateurs et collègues, qui, accompagné du chef de section de troisième année, M. Besnier, représenta l'Ecole Normale.

Une liasse de lettres, encore, se passant de tout commentaire.

Paris, le 21 Octobre 1895.

Monsieur le Maire,

Je ne saurais trop vous remercier du grand honneur que vous me faites en m'invitant au banquet qui aura lieu à l'occasion des fêtes du Centenaire d'Augustin Thierry. J'accepte avec empressement : ce sera pour moi une joie véritable d'entendre célébrer les mérites et le talent du grand historien pour lequel j'ai toujours professé la plus vive admiration.

Veuillez agréer, Monsieur le Maire, l'expression de mes sentiments les plus distingués.

VALENTIN (1),
Professeur au Lycée Buffon.

(1) M. Valentin est l'auteur d'une étude récente sur Augustin Thierry, au cours de laquelle, par des extraits bien choisis, il a su donner une idée très juste de l'œuvre de l'historien :

Augustin Thierry, par FERDINAND VALENTIN, *agrégé de l'Université, professeur au Lycée Buffon.* Paris ; Lecène, Oudin et Cie, 1895, in-8º de 219 p.p. *(Collection des classiques populaires).*

Tours, le 30 Octobre 1895.

Monsieur le Maire,

Très honoré de votre aimable invitation, je me ferai un devoir d'en profiter en assistant au banquet du 10 novembre prochain.

Avec mes sincères remerciements, veuillez agréer, Monsieur le Maire, l'assurance de ma considération la plus distinguée.

Etesse (1).

Blois, le 23 Octobre 1895.

Monsieur le Maire,

J'ai reçu hier l'invitation que vous avez bien voulu m'adresser pour le banquet du 10 novembre prochain, et je m'empresse de vous informer que je l'accepte.

Je me serais fait un devoir et un plaisir d'y prendre part avec ma souscription ; je suis cependant très flatté d'avoir été mis au nombre des invités. Cette gracieuseté est un grand dédommagement du peu de peine que m'a coûtée la petite conférence que j'ai faite pour me rendre à votre désir ; je tiens à vous adresser l'expression de ma satisfaction et de ma reconnaissance.

(1) M. Etesse, de Tours, est le compositeur de l'hymne triomphale, qui, largement interprétée par la *Société Philharmonique* de Blois, forma l'ouverture de la soirée de gala du 10 novembre.

Veuillez agréer, Monsieur le Maire, l'hommage de mes sentiments respectueux.

E. Bar,
Professeur au Collège.

PRÉFECTURE
du
CHER

—

Archives Départementales

—

Bourges, le 27 Octobre 1895.

Monsieur le Maire,

Je serai très heureux d'assister au banquet du Centenaire d'Augustin Thierry, auquel vous avez bien voulu me convier au nom de la Commission d'organisation.

Je vous prie de me compter au nombre des souscripteurs.

Veuillez agréer, Monsieur le Maire, l'expression de mes respectueux sentiments.

Jacques Soyer,
Archiviste du département du Cher.

PRÉSIDENCE
de la
RÉPUBLIQUE

—

Paris, le 24 Octobre 1895.

Le commandant Lombard

A l'honneur de présenter tous ses remerciements à Monsieur le Maire pour l'invitation qu'il a bien voulu lui adresser d'assister au banquet du 10 novembre prochain ; il sera très heureux de s'y rendre sous réserve des nécessités de son service à l'Elysée (1).

<table>
<tr><td>

ADMINISTRATION
des
CONTRIBUTIONS DIRECTES
—
DIRECTION
D'INDRE-ET-LOIRE

</td><td>

Tours, le 28 Octobre 1895.

</td></tr>
</table>

Monsieur le Maire,

J'ai l'honneur de vous accuser réception de votre lettre d'invitation à assister à l'inauguration du buste d'Augustin Thierry et au banquet qui aura lieu le 10 novembre prochain, à la suite de cette cérémonie.

Je me ferai un grand plaisir de me rendre à l'un et à l'autre et j'espère qu'aucun incident ne me privera de mettre ce projet à exécution. Je vous prie d'agréer tous mes remerciements pour cette aimable et gracieuse prévenance et de les faire agréer aux Membres de la Commission du Centenaire et du Bureau de *l'Association Amicale des Anciens Elèves du Collège de Blois*, qui, tous, et avec votre active participation, ont réussi à faire rendre un public et éclatant hommage au grand historien, l'une des grandes gloires de la cité blésoise et de son vieux Collège.

(1) Le commandant Lombard qui compte de si ardentes sympathies parmi ses concitoyens, eut le grand regret, de ne pouvoir, au dernier moment, se rendre aux fêtes de Blois.

Veuillez recevoir, Monsieur le Maire, l'expression de mes sentiments les plus distingués.

L. POURCHER,
Directeur des Contributions directes,
boulevard Béranger, 44, à Tours.

CHAMBRE *Paris, le 21 Octobre 1895.*
DES DÉPUTÉS
—

Monsieur le Maire,

Je vous remercie bien vivement et vous prie de transmettre mes remerciements à MM. les Adjoints et Membres de la Municipalité de Blois, de l'honneur que vous me faites en m'invitant au banquet qui aura lieu le 10 novembre prochain au château de Blois, sous la présidence de M. le Ministre de l'Instruction publique.

J'accepte avec reconnaissance votre invitation, et vous prie d'agréer, Monsieur le Maire, l'expression de mes sentiments les plus distingués.

JULLIEN.

Monsieur le Maire,

J'ai l'honneur de vous informer que j'accepte avec plaisir de prendre part au banquet du 10 novembre et vous prie de vouloir bien me comprendre au nombre des souscripteurs.

Daignez agréer, Monsieur le Maire, l'expression de mes sentiments de respectueuse considération.

DE LA SAUSSAYE.

Paris, 4 Novembre.

Monsieur le Maire,

Comme Blaisois et comme Normalien, je me réjouis des fêtes qui ont été organisées en l'honneur du Centenaire d'Augustin Thierry et je me propose d'y assister. Je vous serais donc bien obligé de vouloir bien m'inscrire au nombre des personnes qui ont adhéré au banquet de dimanche.

Veuillez agréer, Monsieur le Maire, l'hommage de mon profond respect.

L. BODIN,
32, rue de Vaugirard.

Paris, 25 Octobre 1895.

Monsieur le Maire,

J'ai reçu l'invitation que vous avez bien voulu me faire adresser pour le banquet du dimanche 10 novembre prochain, et je serai très heureux de m'y rendre.

Veuillez avec mes remercîments, Monsieur le Maire,

agréer l'hommage de mes plus dévoués sentiments et de ma plus distinguée considération.

Ed. BLAU (1),
6, Rue Saint-Georges.

11, Rue Monin, Blois.
30 Octobre 1895.

Monsieur le Maire,

Je viens vous remercier de votre aimable invitation à laquelle j'aurai l'honneur de me rendre.

Veuillez agréer, Monsieur le Maire, l'expression de ma considération très distinguée.

André REBSOMEN,
Avocat.

(1) Poète et librettiste connu, auteur applaudi à l'Odéon, M. Edouard Blau avait bien voulu accepter de composer, à la prière de la Commission, le joli à-propos, *Notre Augustin Thierry*, dont on trouvera plus loin le texte et que M. Prudhon, de la Comédie-Française, sût faire valoir, à la soirée de gala du 10 novembre, par sa parfaite et élégante diction.

M. Edouard Blau ne saurait point, d'ailleurs, ne pas faire excellemment les vers. C'est pour lui une tradition de famille. Qui ne se souvient en effet des vers charmants du Dr V. Blau, son père. Les Mémoires de la *Société des Sciences et Lettres,* en ont publié quelques-uns (tome V, Blois, imprimerie Lecesne, 1856 ; in-8°, p. 171 à 180).

Un recueil en a été donné sous ce titre : *Heures de loisir,* par un *Membre de l'Orphéon* ; Blois, chez tous les libraires, 1860 — in-12 de 110 p.

M.. Edouard Blau a collaboré lui-même aux Mémoires des *Sciences et Lettres,* dont le tome VII (Blois, Lecesne, 1867 ; in-8°) nous offre des pages 236 à 244, *Blois,* par M. Edouard Blau et *Une Journée à Blois sous Henri III.*

Enfin, ces jours derniers (décembre 1895) l'Opéra-Comique vient de représenter *la Jacquerie,* drame lyrique de MM. Lalo et A. Coquard, dont le livret est de Mme Simone Arnaud et de notre compatriote M. Ed. Blau.

Beaugency, 26, rue du Change.

Monsieur le Maire,

En ma qualité de Vice-Président honoraire de la *Société Amicale du Loir-et-Cher* et d'ancien élève du Collège de Blois, j'accepte avec empressement la proposition, que vous m'avez fait l'honneur de m'adresser, d'assister au banquet du 10 novembre.

E. Cüper (1),
Inspecteur des Postes et Télégraphes, en retraite.

Cependant, sur ces entrefaites, le Ministère que présidait M. Ribot tombait sur l'interpellation des chemins de fer du Sud. On était donc en pleine crise. Que devenaient les promesses de M. Poincaré ? Son successeur au Ministère de l'Instruction publique les tiendrait-il ?

Tout en adhérant pleinement au banquet du 10 novembre, ces craintes, M. Gauvin, député de Loir-

(1) A l'issue de l'inauguration du buste d'Augustin Thierry, les palmes de l'Instruction publique ont été remises par M. Liard, Directeur de l'Enseignement supérieur, an nom de M. le Ministre de l'Instruction publique, à M. E. Cüper.

Il ne nous appartient pas d'apprécier ici le fonctionnaire ; mais, nous ne saurions oublier la charmante et très littéraire conférence que fit M. Emile Cüper à l'assemblée générale du 27 novembre 1880, à la *Société Amicale du Loir-et-Cher à Paris.* Cette conférence a été publiée à l'imprimerie A. Chaix et Cᵉ, 1881. — in-8º (47 p.)

Est-ce commettre une grosse indiscrétion ? M. Cüper manie le vers aussi bien que la prose ; témoins, certaines bleuettes pétillantes d'esprit que nous savons.

et-Cher, les exprimait à M. Guéritte, maire de Blois,
dans sa lettre d'acceptation.

CHAMBRE   *Paris, 29 Octobre 1895.*
DES DÉPUTÉS
—

Mon cher Collègue,

C'est avec le plus grand plaisir que j'accepte votre
invitation au banquet du 10 novembre.

Mais, le cabinet est par terre — ce banquet se fera-
t-il maintenant ?

Enfin, soyez assuré que je serai des vôtres quand il
se fera.

Veuillez agréer, mon cher Collègue, mes bien
affectueuses et sincères salutations.

E. GAUVIN.

En effet, le jour même de la réception de cette lettre,
le 30 octobre, M. le Préfet de Loir-et-Cher faisait
pressentir M. le Maire de Blois, par l'un de ses représentants, pour savoir si la Commission ne verrait pas
intérêt à retarder d'une quinzaine de jours ou d'un
mois les fêtes du 10 novembre.

Réuni le soir même à l'Hôtel de Ville, le Bureau
de la Commission se déclara d'une façon générale
hostile à toute remise.

La Ville de Blois avait reçu trop d'adhésions et de
personnalités trop considérables, pour retarder la
célébration du Centenaire d'Augustin Thierry, qui, à

la date du 10 novembre, tombait six mois, jour pour jour, après sa date exacte. D'ailleurs, si, dans les premiers jours de novembre, le temps pouvait permettre encore l'inauguration d'un buste en plein air, en serait-il de même quelques semaines plus tard, et en admettant qu'il fût favorable, la venue à Blois, du nouveau ministre n'était-elle pas, pour le moins hypothétique, le Ministère n'étant même pas encore formé.

Enfin, des pourparlers étaient, à cette heure même, engagés avec la Comédie-Française et différents artistes parisiens, dont la réponse définitive devait parvenir le lendemain. Dans le cas d'une acceptation de leur part, n'était-ce pas là encore un argument sérieux contre toute remise de la fête ?

Le lendemain, en effet, les réponses parvenaient de la Comédie-Française, de Mlle Ganne, de l'Opéra, et d^e MM. Alfred et Jules Cottin, les deux mandolinistes chanteurs, si justement et si universellement applaudis.

La Comédie-Française, comme l'avait fait espérer M. Claretie, se ferait représenter à Blois par huit de ses artistes, le 10 novembre : que M. le Ministre de l'Instruction publique assistât ou non aux fêtes. Mais des engagements antérieurs et les nécessités de son service ne lui permettraient pas de se rendre à Blois à une date ultérieure.

M. Gailhard voulait également bien accorder l'autorisation à Mlle Thérèse Ganne, qui venait de débuter si brillamment dans *Sigurd*, de chanter à Blois le 10 novembre, au cours de la soirée de gala, à laquelle MM. Alfred et Jules Cottin voulaient bien prêter un concours aussi empressé que gracieux.

Déjà hostile en principe à la remise de la fête, la Commission ne pouvait, en présence de ces réponses, que maintenir la date du 10 novembre, ce qu'elle fit par l'ordre du jour suivant, qui fut aussitôt communiqué à la Préfecture :

« La Commission, après deux réunions consécutives et après avoir mûrement réfléchi, a le regret de ne pouvoir remettre la fête à une date ultérieure au 10 novembre.

« Le nombre considérable des adhésions et des acceptations au banquet, ainsi que les engagements pris vis-à-vis des artistes et des directeurs ne semblant pas autoriser cette remise. »

Le soir même, cette décision était portée à la connaissance de la population, par cette affiche, coupant ainsi court aux bruits fâcheux, que faisait courir la nouvelle, déjà colportée en ville, du renvoi de la fête en décembre ou en janvier :

VILLE DE BLOIS

Dimanche 10 Novembre 1895

FÊTES DU CENTENAIRE
D'AUGUSTIN THIERRY

Sous la Présidence de

M. LE MINISTRE DE L'INSTRUCTION PUBLIQUE

INAUGURATION DU BUSTE D'AUGUSTIN THIERRY

Grand Banquet au Château

Illumination du Château et de la place Victor-Hugo

REPRÉSENTATION DE GALA AU THÉATRE

avec le Concours de

LA COMÉDIE-FRANÇAISE

De Mlle GANNE, de l'OPÉRA

De MM. ALFRED et JULES COTTIN

Et de la Société Philharmonique de Blois

Le Maire de Blois,

JULES GUÉRITTE.

Cependant, un nouveau Cabinet ayant été constitué sous la présidence de M. Léon Bourgeois, et le Cabinet précédent ayant officiellement décidé en Conseil des Ministres, de se faire représenter aux fêtes de Blois : une démarche fut décidée auprès de M. le D⟨r⟩ Combes, Sénateur, qui venait de prendre le portefeuille de l'Instruction publique, pour l'inviter au nom de la Ville à venir présider ces fêtes.

En effet, le mercredi 6 novembre, MM. Guéritte et Belton, représentants la ville de Blois, à qui avaient bien voulu se joindre MM. Duréault, Préfet de Loir-et-Cher, Jullien, Gauvin, Bozérian et Ragot, députés, étaient reçus par M. le Ministre de l'Instruction publique.

Nous touchons ici au seul incident pénible de ces fêtes. Il ne nous appartient pas et nous ne voulons pas raviver, en ces notes, les polémiques et les rancunes de la veille. Nous glisserons donc, ne disant de ces choses que ce que le souci de la vérité ne nous permettra pas de taire.

M. Combes, comme son prédécesseur, était tout disposé à accepter l'invitation qui lui était faite. Seulement, contrairement à M. Poincaré, c'était une déclaration politique qu'il avait l'intention de faire à Blois, et non plus un discours purement littéraire et historique.

Le représentant du Gouvernement lui fit craindre un accueil hostile, peut-être, étant donnée la composition du banquet ; et pour éviter une scène scandaleuse lui déconseilla de venir à Blois.

La liste des invités et des souscripteurs au banquet, que l'on trouvera plus loin, montrera combien chimérique était cette crainte. C'était d'ailleurs bien mal connaître l'esprit d'une population, de par les temps, réputée pour son aménité.

Quoi qu'il en soit, M. le Ministre résolut, en ces conditions, de ne pas venir présider les fêtes du 10 novembre et de déléguer, en sa place, M. Liard, Directeur de l'Enseignement supérieur.

Simple remarque : au lieu de la fête tout intime d'abord projetée, c'était pour obtenir la venue à Blois du Ministre de l'Instruction publique, que l'inauguration d'un buste d'Augustin Thierry sur une de nos promenades avait été décidée.

Le buste se dressait maintenant, square Victor-Hugo, sur son piédestal. Pour des raisons politiques, aucun Ministre ne devait assister à son inauguration.

A leur retour de Paris, MM. Guéritte et Belton faisaient connaître à la Commission les résultats de la démarche qu'ils venaient de faire.

Les dernières dispositions étaient prises pour la journée du 10 novembre. Le programme de la représentation de gala était définitivement fixé, puis communiqué à la presse et à la population par voie d'affiches.

Voici la teneur de ces affiches :

RÉPUBLIQUE FRANÇAISE — LIBERTÉ, ÉGALITÉ, FRATERNITÉ

VILLE DE BLOIS

Dimanche 10 Novembre 1895
FÊTES DU CENTENAIRE D'AUGUSTIN THIÉRRY

Ouverture des Bureaux, à 8 h. — Rideau, à 8 heures et demie

AU THÉATRE
GRANDE SOIRÉE
Dramatique & Musicale
Avec le Concours de la
COMÉDIE-FRANÇAISE
De Mlle Thérèse GANNE, de l'Opéra
De MM. Alfred et Jules COTTIN
Et de la Société Philharmonique de Blois

PREMIÈRE PARTIE

1. Hommage à Augustin Thierry . .   E. ETESSE
    Hymne triomphale.
2. (a) Bonjour Suzon . . . .   PESSARD
    (b) Sérénade des Pêcheurs de Perles.   BIZET
        MM. Alfred et Jules COTTIN.

LE LEGS
Comédie en un Acte, en Prose (fragments), de MARIVAUX

M. PRUDHON . Le Marquis | Mlle PERSOONS. La Comtesse

4. « O Ciel d'Azur », d'Aïda. . . .   VERDI
    Mlle GANNE.

LE BAISER
Comédie en un Acte, en Vers, de Th. de BANVILLE

M. Georges BERR . . Pierrot | Mlle BERTINY. La Fée Urgèle

DEUXIÈME PARTIE

1. Allegro de la Symphonie en ut majeur   BEETHOVEN
2. Mélodie . . . . Ch. LEFEBVRE
   Mlle GANNE.
3. (a) Sérénade badine . . . . . G. MARIE
   Pour Mandoline et Guitare.

   (b) Si vous l'aviez compris (Mélodie) . DENZA
   MM. Alfred et Jules COTTIN.
4. Pastorale . . . . SAINT-SAENS
   Duo : Mlle GANNE, M. Alfred COTTIN.

QUI ?

Comédie en un Acte, en Prose, de Paul BILHAUD

| MM. PRUDHON | Monfériel | Mlles PERSOONS | MmeLecourtois |
| TRUFFIER | De Chantenay | BERTINY | Suzanne |

M. FALCONNIER . . Un domestique

Au cours de la Soirée, un *A-Propos en Vers*, de M. EDOUARD BLAU, sera dit par un Artiste de la Comédie Française.

Prix des Places

Fauteuils de Première Galerie : 10 francs — Loges de Première Galerie : 10 francs — Stalles d'Orchestre : 6 francs — Baignoires : 5 francs — Pourtour de Deuxième Galerie : 5 francs — Log·s de Deuxième Galerie : 5 francs — Avant-Scènes de Deuxième Galerie : 3 francs 50 — Parterre : 2 francs 50 — Troisième Galerie : 1 franc — Amphithéâtre : 50 centimes. — Pour la Location, s'adresser chez M. LEPAGE, tailleur, rue Denis-Papin, et pour les petites places, au Concierge du Théâtre.

En une matinée, la salle entière devait être louée.

Après ce long préambule, dans lequel nous avons résumé, aussi brièvement que possible, cependant, les origines des fêtes du 10 novembre, le moment nous semble venu de donner la liste des personnes — invités de la Ville ou souscripteurs — qui par leur présence au banquet ont tenu à s'associer à l'hommage rendu à la mémoire d'Augustin Thierry.

Ainsi que l'avait très excellemment dit M. Gilbert-Augustin Thierry, c'était là une fête à laquelle la politique devait rester complètement étrangère.

En admettant que différents partis fussent représentés à ce banquet, n'y avait-il pas lieu de se féliciter de voir, pour une fois, leurs discussions faire trève pour se fondre en une commune admiration. Ils sont si peu nombreux, les hommes dont la grande bonne foi et la parfaite honnêteté permettent de les fêter également, sans arrière-pensée, aux esprits les plus opposés !

INVITÉS DE LA VILLE

MM.

Alleaume, Adjoint au Maire de Blois ;

Bar, Professeur au Collège de Blois ;
Bazillac (de), Rédacteur à l'*Agence Nationale ;*
Besnier, Elève à l'Ecole Normale supérieure ;
Blau (Edouard), homme de Lettres à Paris ;
Bois (Jules), Rédacteur au *Gil Blas ;*
Bourgeois, Professeur à l'Ecole Normale supérieure ;
Bozérian, Député de Loir-et-Cher ;
Brunetière, Membre de l'Académie Française ;

Cardonne (de), Rédacteur en chef de l'*Avenir de Loir-et-Cher ;*
Cauchie, Président de la *Société Philharmonique ;*
Cazin, Membre du Conseil Municipal de Blois ;
Chavigny, Membre du Conseil Municipal de Blois ;
Contant, Membre du Conseil Municipal de Blois ;
Crouzet, Rédacteur au *Petit Parisien ;*

Duréault, Préfet de Loir-et-Cher ;
Dusserre, Président du Tribunal de Commerce de Blois ;

Etesse, Compositeur à Tours ;

Gauvin, Député de Loir-et-Cher ;
Gignoux, Maire de Créteil ;
Gignoux (Madame) ;
Gilles, Membre du Conseil Municipal de Blois ;
Grenouillot, Architecte à Blois ;
Grognet, Chef de Musique du 113e d'Infanterie ;
Guédon, Membre du Conseil Municipal de Blois ;
Guéritte, Maire de Blois ;

Hahusseau, (l'abbé) Vicaire général à l'Evêché, Blois ;
Houdin, Membre du Conseil Municipal de Blois ;
Huchot, Membre du Conseil Municipal de Blois ;

Imbert, Entrepreneur à Blois ;

Jughon, Commissaire de police, à Blois ;
Jullien, Député de Loir-et-Cher ;

Laborde (Mgr), Evêque de Blois ;
Legras, Membre du Conseil Municipal de Blois ;
Lepage, Membre du Conseil Municipal de Blois ;
Liard, Directeur de l'Enseignement supérieur au Ministère
    de l'Instruction publique ;
Lions, Membre du Conseil Municipal de Blois ;

Maurey (Max), Rédacteur au *Jour* ;
Métivier, Membre du Conseil Municipal de Blois ;

Périé, Inspecteur d'Académie à Blois ;
Picheray, Membre du Conseil Municipal de Blois ;
Pillette, Architecte à Blois ;
Provost, Membre du Conseil Municipal de Blois ;
Py (Michaël), Rédacteur en chef du *Républicain de Loir-et-*
    Cher ;

Racault, Secrétaire de la Mairie de Blois ;
Ragot, Député de Loir-et-Cher ;
Raveneau, Membre du Conseil Municipal de Blois ;
Raymond, Membre du Conseil Municipal de Blois ;
Reffray, Rédacteur en chef de l'*Indépendant de Loir-et-*
    Cher ;
Rotté, Président du Conseil des Prud'hommes ;
Rozier, Rédacteur en chef du *Progrès de Loir-et-Cher* ;
Rozière (de), Sénateur, Membre de l'Institut ;

Sazerac de Forge, Secrétaire Général de la Préfecture ;
Sureau, Membre du Conseil Municipal de Blois ;

Tassin. Sénateur ;

Thiébault-Sissou, rédacteur au *Temps :*

Thierry (Gilbert-Augustin) ;

Thierry (Gilbert-Augustin), Madame ;

Thierry (Augustin), fils ;

Thierry (Gilbert-Augustin), Mademoiselle ;

Thierry (Jacques), Madame ;

Thierry (Amédée) élève à l'École spéciale militaire ;

Tournès, Lieutenant-Colonel, Commandant le 113e d'Infanterie ;

Valentin, Agrégé de l'Université, Professeur au Lycée Buffon;

Viau, Chef du Cabinet du Préfet de Loir-et-Cher ;

Wallon, Architecte à Paris.

SOUSCRIPTEURS

MM.

Alix, Directeur d'École Communale, à Blois ;

Ansaloni (Docteur), Selles-sur-Cher ;

Ansaloni (Docteur), Blois ;

Balon, Céramiste, à Blois ;

Balzer, Pharmacien, à Blois ;

Barat, Maire de Suèvres ;

Barré (Docteur), Mosnes (Indre-et-Loire) ;

Bauvallet, Professeur au Collège de Blois ;

Beau, Architecte, à Blois ;

Béalu (Arthur), entrepreneur, à Blois ;

Begel, Conseiller de Préfecture, à Blois ;

Bellegarde (de), Directeur de la Succursale de la *Banque de France,* à Blois;

Belton (Louis), Avocat, Vice-Président de la *Société des Amis des Arts* et de la *Société d'Excursions artistiques de Loir-et-Cher ;*

Berteloot, Directeur des Postes et Télégraphes, à Blois ;
Beutot, Contrôleur des Contributions Directes ;
Blanc, Pharmacien, à Blois ;
Blanchon, père, Propriétaire, à Blois ;
Blanchon (Maxime), ancien Banquier, Président de l'*Association Amicale des Anciens Élèves du Collège de Blois ;*
Blanquet (baron), Conseiller général ;
Bocquin, Professeur au Collège de Blois ;
Bodin (Louis), Agrégé de l'Université, Professeur au Collège Stanislas à Paris ;
Bodros, Directeur des Contributions indirectes, à Blois, Vice-Président de la *Société des Sciences et Lettres de Loir-et-Cher ;*
Bonnefons (Jean), Banquier, Trésorier de la *Société des Amis des Arts ;*
Bonté, Chef de Bataillon, Commandant de Recrutement, à Blois ;
Bordier-Bourreau, ancien Négociant, à Blois ;
Bouquet, Percepteur, à Onzain ;
Bourgeois, Négociant, à Blois ;
Bouvart, Principal du Collège de Blois ;
Boyé, Directeur des Contributions Directes, à Blois ;
Bridel, Pharmacien, à Blois ;
Brosse, Professeur au Collège de Blois ;
Burat, Percepteur, à Blois ;
Butet, Maire de Montrieux ;

Caron (Alexandre), Professeur au Collège de Blois ;
Cauchie, Pharmacien, à Blois ;
Charton, Inspecteur primaire, à Blois ;
Chauvelon, Directeur d'École Communale, à Blois ;
Clamet (l'abbé), Aumônier du Collège de Blois ;
Clément (l'abbé), Aumônier du Lycée de Vendôme ;
Cognac, Professeur au Collège de Blois ;
Constantin, Sous-Préfet de Romorantin ;

Couillault, Négociant, à Blois ;

Couvreul, Juge de Paix, à Selommes ;

Crocheton, Directeur de l'École primaire supérieure d'Onzain ;

Cüper, Inspecteur en retraite des Postes et Télégraphes, à Beaugency, Vice-Président honoraire de la *Société Amicale du Loir-et-Cher, à Paris.*

Daudin, Médecin, à Saint-Dyé-sur-Loire ;

Dehargne, Pharmacien, à Vendôme ;

Delelis, Pharmacien, à Lamotte-Beuvron ;

Derindinger, Percepteur, à Mer ;

Despeyroux, Entrepreneur, à Blois ;

Dillard (Adrien), Négociant, à Blois ;

Dorion, Imprimeur, à Blois ;

Doutrebente (Docteur), Directeur de l'Asile Départemental d'Aliénés, à Blois, Président de la *Société des Sciences et Lettres de Loir-et-Cher ;*

Dufay (Pierre), Avocat, Bibliothécaire de la Ville de Blois, Secrétaire de la *Commission du Centenaire ;* de la *Société des Sciences et Lettres de Loir-et-Cher* et de l'*Association Amicale des Anciens Élèves du Collège de Blois ;*

Dufresne, Professeur au Collège de Blois ;

Duhamel (Docteur), à Blois ;

Etienne, Professeur au Collège de Blois ;

Fandeux, Notaire, à Blois ;

Feigneux, Agent d'Assurances, à Blois ;

Ferrand, Maire de Cormeray ;

Ferrand (Docteur), à Blois ;

Filleau (René), Propriétaire, à Blois ;

Filly, Capitaine en retraite, Trésorier de l'*Association Amicale des Anciens Élèves du Collège de Blois ;*

Fleury, Ancien Notaire, à Avaray ;

Florance, Fondé de Pouvoirs à la Trésorerie Générale ;
Fougères, Secrétaire de l'Inspection Académique, à Blois ;
Fourrier, Entrepreneur de Transports, à Blois ;
Francy (de), Sous-Intendant militaire, à Blois ;
Fromet (Louis), Conseiller Général, Maire de Vineuil ;

Gabé, Sous-Directeur du Dépôt d'Étalons, à Blois;
Gaignaison, ancien Notaire, à Blois ;
Galtier (André), Négociant à Blois ;
Gebhart, Inspecteur des Forêts, à Blois ;
Gélinet, Sous-Préfet de Vendôme ;
Gervais (Eugène), ancien Professeur au Collège de Blois,
    Conservateur du Musée ;
Gervais, Professeur à l'École Normale d'Instituteurs, à
    Blois ;
Gouté (Jéhovah), Propriétaire, à Ouchamps ;
Grivart de Kerstrat, Inspecteur adjoint des Forêts, à Blois ;
Guérin (Docteur), à Blois ;
Guéritte (Christian), Manufacturier, à Blois ;
Guignard (Ludovic), Secrétaire Général de la *Société des
    Amis des Arts*, à Chouzy ;

Hamelle (Paul), Conseiller de Préfecture, à Blois ;
Henry, Avocat, Conseiller Général, à Blois ;
Heuls, Professeur au Collège de Blois ;
Houtin, Négociant, à Blois ;
Hutinel, Architecte, à Lamotte-Beuvron ;

Jouffrey, Capitaine en retraite, Commissaire de surveil-
    lance administrative à la gare de Blois ;
Joulin, Négociant, Président du *Syndicat commercial*, à Blois ;
Jourdan (Docteur), à Salbris ;

Klecker, Procureur de la République, à Blois ;

Lainé, Propriétaire, à Blois ;
Lançon, Directeur de l'Agence du *Crédit Lyonnais*, à Blois ;

Lebert, Horticulteur, à Blois ;
Lebleu, Directeur de l'Agence de la *Société générale*, à Blois ;
Leclère (Albert), Professeur au Collège de Blois ;
Ledoux, Chef de Division à la Préfecture, à Blois ;
Legay, Ingénieur ordinaire des Ponts et Chaussées, à Blois ;
Legras (Docteur), à Marchenoir ;
Leleu, Conseiller général, à Vendôme ;
Lemaitre (Henri), Receveur Municipal, à Blois ;
Lepage (fils), Négociant, à Blois ;
Lequeux, Pasteur évangélique, à Blois ;
Loiseau, Négociant, à Blois ;

Maignan (Albert), Photographe à Blois ;
Mangon, Maire de Cheverny ;
Masson, Directeur de l'Enregistrement, à Blois ;
Maude (de) **de la Clavière**, à Paris ;
Métrot, Etudiant en Droit, à Paris ;
Meusnier, Notaire, à Blois ;
Meusnier (Docteur), à Blois ;
Millier (Docteur), à Huisseau-sur-Cosson ;
Moisy (le Maire de) ;
Monin (Hector), Maire du 3ᵉ arrondissement, à Paris, Président de la *Société Amicale du Loir-et-Cher à Paris ;*
Moreau, Secrétaire du *Syndicat des Agriculteurs*, à Blois ;

Ouzouer-le-Doyen (le Maire d').

Papillon (Docteur), à Suèvres ;
Paterne (Docteur), à Blois ;
Person (de), Trésorier de la *Caisse d'Epargne*, à Blois ;
Petit (Louis), Conseiller Général, Vice-Président de l'*Association Amicale des Anciens Elèves du Collège de Blois*, à Blois.
Pineau (Arthur), Négociant à Blois ;
Pou, Juge au Tribunal de Commerce, à Blois ;

Poulain (fils), Manufacturier, à Blois ;
Pourcher, Directeur des Contributions Directes, à Tours ;

Quéant (Alcide), Chef de Division à la Préfecture, à Blois ;

Ranjard, Directeur de la Succursale du *Crédit Foncier*, à Blois ;
Raubardeau, Notaire, Conseiller Général, Maire de Meung (Loiret) ;
Raveau, Receveur des Postes et Télégraphes, à Blois ;
Raymond (Joseph), Procureur de la République, à Vendôme ;
Rebsomen (André), Avocat, à Blois ;
Reversé, Directeur d'Ecole communale, à Blois ;
Révol, Ingénieur des Ponts et Chaussées, à Blois ;
Ribour (René), Propriétaire, à Blois ;
Robin (Emile), Négociant, à Blois ;
Robin (Octave), Huissier, à Blois ;
Rochet, Directeur de l'Ecole primaire supérieure de Saint-Aignan ;
Rotté, ancien Négociant, à Blois ;
Rouget, Directeur de l'Ecole Normale d'instituteurs, à Blois ;
Rousseau, Trésorier Général, à Blois ;
Rousset (Paul), Manufacturier, à Blois ;
Rousset (Henri), Manufacturier, à Blois ;
Rozière (Ernest de), Propriétaire, à Blois ;

Saussaye (Olivier de la), Propriétaire, à Blois ;
Sauvage (Henri), Président de la *Société des Amis des Arts* ;
Sonnier (de), Avocat, Conseiller Général, à Blois ;
Soyer (Jacques), Archiviste du Cher, à Bourges ;
Sureau (Jean), Propriétaire, à Blois ;
Susini, Agent d'affaires, à Blois ;

Thivet (Docteur), Médecin-Adjoint de l'Asile départemental d'Aliénés, à Blois ;
Thoré (Jules), Propriétaire, à Blois ;

Tourette, Proviseur du Lycée de Vendôme ;
Treignier (Eugène), Propriétaire, à Suèvres ;
Trouard-Riolle, Professeur départemental d'Agriculture,
à Blois ;

Vabois, Professeur au Collège de Blois ;
Vassal, Négociant, à Blois ;
Verdier, Libraire, à Blois ;
Vernon (Jules), Horticulteur, à Amboise (Indre-et-Loire) ;
Villandre, Receveur principal des Postes et Télégraphes,
à Blois ;

Watel, Propriétaire, Maire de Menars ;
Weick (Chef d'Escadron), Commandant de Gendarmerie,
à Blois ;

Yvonneau (Docteur), à Blois.

LE

CENTENAIRE D'AUGUSTIN THIERRY

ET LA PRESSE

La Presse, avons-nous dit, avait dès l'annonce des fêtes projetées par la Ville de Blois, donné avec un admirable ensemble.

Qu'il nous soit permis de faire de larges emprunts aux articles publiés à cette occasion, composant, ainsi, à la mémoire du grand historien, une gerbe glorieuse de lauriers ; suivant en cela l'exemple des poètes, qui élevèrent jadis, le *Tombeau de Théophile Gautier*, et qui, aujourd'hui, édifient celui de Charles Baudelaire.

A la veille de la fête, le *Progrès de Loir-et-Cher*, consacrait, en date du 10 novembre 1895, un numéro spécial au Centenaire d'Augustin Thierry. Bien qu'il soit toujours gênant de se citer soi-même, nous ne pouvons nous dispenser de le faire, tout au moins par des extraits, afin d'éviter le plus possible les répétitions.

Tout d'abord, l'article de tête que nous reproduisons dans son entier :

AUGUSTIN THIERRY

Demain dimanche, sera inauguré, dans le square Victor-Hugo, le buste d'Augustin Thierry.

L'Académie Française, l'Académie des Inscriptions et Belles-Lettres, le Gouvernement, et plus encore, peut-être, la population blaisoise, prendront part à cette fête.

D'excellentes choses seront dites ; et, en beau langage, la mémoire d'Augustin Thierry sera célébrée à l'occasion de son récent Centenaire.

Sans entrer ici dans le détail tant de sa vie que de ses études, l'on peut dire, que nul mieux que le *Progrès* ne doit à plus juste titre s'enorgueillir de l'historien génial auquel la ville de Blois doit le meilleur de sa réputation.

Combattant d'avant-garde, luttant pour l'affranchissement des travailleurs, en face de la puissante oligarchie de la force et du capital, les amis de ce journal peuvent à bon compte revendiquer l'homme dont nous célébrons le centième anniversaire : il fut des leurs.

Fils du peuple, de ce peuple obscur, qui, à la fin du siècle dernier, versa son sang pour la bourgeoisie, qui, seule, devait profiter de l'effondrement de la monarchie, parmi les mensonges et les trahisons de l'entourage de Louis XVI : c'est bien le peuple qu'incarne Thierry l'aîné, tant par sa vie que par ses écrits.

Boursier au Collège de Blois, normalien de la seconde promotion de l'Ecole ; puis, l'Université vite abandonnée, polémiste ardent et fougueux : journaliste au *Censeur* et au *Courrier* ; réformateur avec Saint-Simon : tel il apparaît, avant que l'histoire l'ait à tout jamais conquis ; l'histoire à laquelle il devait sacrifier sa santé et sa vue.

Non pas l'histoire des rois, ce martyrologe dont a parlé Grégoire : mais l'histoire même des peuples, du peuple plutôt, cette lutte éternelle du faible contre le fort, de l'opprimé contre l'oppresseur.

Ce grand cri de misère qui traverse le Moyen-Age, et, qui, aujourd'hui encore, en dépit des progrès accumulés, s'échappe de la mine, mêlé au carbone du grisou et au râle des agonisants ; ce cri, il l'a fait sien, il en a compris l'angoisse, il en a rendu la terreur.

Jacques promenant par les châteaux attérés leurs colères et leur sanglante ivresse ; bourgeois de Laon ou de Vezelay, défendant leur commune contre le Roi, le Seigneur ou l'Abbé ; Prévôt des Marchands, osant, en plein xvie siècle, opposer au Dauphin Charles, son autorité et la révolte grande de Paris en armes : c'est l'épopée tout entière que fait revivre son œuvre. C'est l'expérience mal comprise d'hier, la lutte du présent, l'incertain de l'avenir.

L'on peut épiloguer, et pour les besoins d'une cause, feindre de comprendre différemment le rôle d'Augustin Thierry.

Pour nous, il est une des plus pures gloires que puissent revendiquer ceux qui rêvent de lendemains meilleurs.

Nous saluons respectueusement sa mémoire, et c'est au peuple qu'il appartient de saluer avec nous.

Pierre Dufay.

C'est en effet un des titres de gloire de l'historien du Tiers-Etat de compter des admirateurs dans tous les partis, et si le parti socialiste peut à juste titre le revendiquer comme un de ses maîtres, c'était avec non moins de sincérité qu'en tête du journal royaliste l'*Avenir*, M. Henry de Cardonne pouvait écrire le 18 octobre :

AUGUSTIN THIERRY

La célébration du Centenaire d'Augustin Thierry, le 10 novembre prochain, n'ajoutera rien à sa réputation ni à son œuvre, mais elle attestera le culte de la ville de Blois pour l'un de ses fils les plus illustres.

Cette vénération de la postérité pour les grands hommes est particulièrement juste, réconfortante et salutaire : un rayon de leur gloire en rejaillit sur leur ville natale et sur le pays tout entier.

Aucune mémoire, en nos temps incertains et troublés, n'inspire pensées plus hautes et plus opportunes que celle d'Augustin Thierry, aucune vie n'a été davantage marquée au coin du labeur, de la probité morale, et aussi de la souffrance et de l'épreuve, trop souvent inséparables du génie.

L'homme qui a écrit successivement l'*Histoire de la Conquête de l'Angleterre par les Normands* (1825), les *Lettres sur l'Histoire de France* (1827), les *Récits des Temps mérovingiens* (1833-41) et l'*Essai sur l'Histoire de la formation et des progrès du Tiers-Etat* (1853), l'homme qui a ouvert des voies nouvelles à la science historique a inscrit son nom sur l'airain et partage l'immortalité des précurseurs.

Frappé de cécité à 30 ans (1825), l'*Homère Blésois*
poursuivit courageusement sa rude tâche, raidissant
sa volonté, s'épurant encore dans la douleur avec
« ce je ne sais quoi d'achevé que donne le malheur ».

Aussi, dans sa bouche, la déclaration suivante est
singulièrement émouvante pour quiconque a le cœur
bien placé, pour quiconque a le respect de la vraie
grandeur : « Voilà ce que j'ai fait et ce que je ferais
« encore, a dit Augustin Thierry, si j'avais à recom-
« mencer ma route ; je prendrais celle qui m'a conduit
« où je suis. Aveugle et souffrant sans espoir et
« presque sans relâche, je puis rendre ce témoignage
« qui de ma part ne sera pas suspect : il y a au monde
« quelque chose qui vaut mieux que les jouissances
« matérielles, mieux que la fortune, mieux que la
« santé elle-même, c'est le dévouement à la science ».

Mais il est une chose qui imprime à la physionomie d'Augustin Thierry tout son relief et toute sa
noblesse, c'est le retour réfléchi, volontaire, de ce
grand esprit à la foi catholique.

Chez un homme de ce tempérament et de cette probité intellectuelle, l'adhésion loyale, complète, sincère
à la vérité révélée ne saurait surprendre. « L'irréligion
est canaille », a dit Joseph de Maistre, elle ne pouvait
donc satisfaire le cerveau de l'auteur des *Récits
Mérovingiens*.

La conversion d'Augustin Thierry couronne son
existence et achève de la rendre exemplaire.

Les libres-penseurs (qui trop souvent, suivant un
mot très juste, ne sont ni libres, ni penseurs) ont déjà
essayé et essaieront de confisquer Augustin Thierry,

d'en faire une sorte de bousingot et de révolté, voire un républicain.

Or, c'est radicalement faux : l'exactitude historique, surtout lorsqu'il s'agit d'Augustin Thierry, doit être respectée.

Rien ne prévaut contre elle et contre les faits.

Dans une monographie documentée, probante, publiée par les *Etudes religieuses, philosophiques et littéraires* du 15 octobre, le R. P. H. Chérot a établi de la manière la plus concluante la conversion d'Augustin Thierry :

« Parti de l'incrédulité, dit le savant publiciste, il revint à la foi dans la pleine maturité de son talent, et cette foi ne resta pas en lui à l'état de croyance intérieure ou d'aspiration vague ; elle lui fit entreprendre, dans ses dernières années, une révision intégrale de ses œuvres, brusquement interrompue par la mort, mais qui reste un des plus loyaux hommages rendus à la vérité. »

Les Blésois et le public nous sauront gré de faire à cette étude de larges emprunts, d'en placer sous leurs yeux les passages les plus saillants.

A la veille des fêtes du Centenaire, on ne saurait mieux honorer à la fois la vérité et la mémoire du grand Blésois qui a dit cette forte parole : « Je suis un ouvrier de Dieu ».

Henry de Cardonné.

*(Avenir de Loir-et-Cher,
18 Octobre 1895.)*

Il faut, il est vrai, faire des réserves sur la conversion prétendue de Thierry. Si travaillée et docu-

mentée que soit la longue étude de M. H. Chérot de
la Compagnie de Jésus, dans les *Etudes religieuses,
philosophiques et littéraires* des 15 octobre et 15 novembre 1895, la lumière n'a pas été faite sur ce point.
L'Evêque d'Autun s'appuie, il est vrai, pour conclure
à cette conversion, sur le témoignage de Mme Gignoux.
Mais celui de M. Gilbert-Augustin Thierry ne vaut
pas moins, je pense, et l'on verra par la suite qu'il
contrecarre complètement les souvenirs de fillette de
sa cousine. Nos lecteurs auront d'ailleurs sous les
yeux les pièces du procès.

Revenant au *Progrès :* ces vers, dans lesquels
c'était encore l'historien et le défenseur des humbles,
des corvéables et des déhérités, que nous célébrions :

A AUGUSTIN THIERRY

Penseur au front puissant dont le regard éteint
Semble revivre encor dans la blancheur du marbre,
Ainsi qu'on voit souvent fleurir sur un vieil arbre
Les renaissants bourgeons de son Printemps lointain.

Toi que n'ont pu briser la souffrance et la peine,
Dont l'esprit fut plus grand alors qu'il ne put voir,
Jeune homme douloureux, sur qui tombe le soir
Et la nuit éternelle à ses trente ans à peine.

Aveugle du Présent, mais voyant du Passé,
De l'Avenir peut-être : en ce dolent automne
Où parmi les buissons quelque oiselet chantonne
Encore, ô sois béni, grand cœur jamais lassé !

L'Histoire, il est longtemps, t'a sacré son Homère ;
Des voix de plus d'ampleur diront ce que tu fis.
Nous te laissons au Monde et gardons le bon Fils,
Car ta Ville, entre tous, t'aime comme une Mère.

Alors que les traités n'étaient pleins que des rois :
Tu fis entrer de force en leur concert de haine
Le Peuple mugissant mêlant sa chaude haleine
Aux carnages récents qu'il couvre de sa voix.

Devant le Conquérant, le Baron : c'est la Glèbe :
Les sans-nom, les sans-pain, vague bétail humain,
Qui se dresse farouche, ivre du lendemain
De par les temps promis par Jésus à la Plèbe.

C'est l'Artisan, c'est le Bourgeois, c'est l'Echevin,
C'est la libre Commune opposant ses coutumes
Et sa clarté de glaive à cet amas de brumes,
Où « notre bon plaisir » se mêle au droit divin.

Jacques dans les forêts, Maillotins à la ville,
Le Prévôt des Marchands résistant au Dauphin :
Un râle humain : le cri de mort, le cri de faim
Que pousse vers le Ciel la multitude vile...

O Penseur sois aimé, pour ce frisson d'amour
Qui vibre dans ton œuvre et qui ravit nos cœurs.
L'Hellas, malgré Platon, t'eut chanté de ses chœurs,
Doux vieillard, triste et beau comme la fin d'un jour.

Pierre Dufay.

Blois, le 8 novembre 1895.

Des notes suivaient sur sa jeunesse et sur sa vie. Nous reproduisons ces dernières en les complétant de renvois et de quelques références, que les nécessités de la mise en page ne nous avaient pas permis d'y joindre.

L'HOMME

Envoyé comme régent de cinquième au collège de Compiègne, Thierry n'y resta que quelques mois. C'était la fin du rêve napoléonien. Les rois coalisés, suivis des Bourbons, inondaient la France de leurs armées.

Une grande tristesse et un grand dégoût vinrent au jeune homme. Les catastrophes qui l'entouraient furent pour lui un précoce et précieux enseignement. Sentant que sa voie était autre, quittant l'Université, il rentra à Paris, où son activité allait trouver largement à s'occuper.

Tout d'abord, nous le retrouvons comme secrétaire de Saint-Simon (1), dont les utopies socio-

(1) Les rapports d'Augustin Thierry et de Saint-Simon font l'objet du chapitre IV d'un ouvrage récent, qu'il y a lieu de mentionner ici : *Un précurseur du socialisme, Saint-Simon et son œuvre*, par Georges Weill, docteur ès-lettres. Paris, Perrin et Ce, 1894, in-12.

D'autre part nous devons à la complaisance de M. René Filleau, toujours prêt à mettre ses curieux cartons à la disposition de quiconque s'occupe du Blaisois, la communication de cette note manuscrite de M. de la Saussaye, relatant une conversation qu'il avait eue avec le père des Thierry

Mieux que tout commentaire, elle dit l'indépendance, la bravoure et la pauvreté à ses débuts, du futur conteur des *Temps mérovingiens*.

Nous la transcrivons, en en respectant les abréviations :

« Aug(ustin) Th(ierry) avait composé une brochure, pend^t les 100 jours contre Napoléon. Fouché est chargé d'en rechercher l'auteur. Ayant reconnu la manière de St-Simon il s'adresse d'abord à lui ; ensuite à Aug son élève et son fils adoptif alors. Celui-ci avoue la brochure,

logiques le séduisent à tel point qu'il ne tarda point à s'intituler son fils adoptif. Trois ans de collaboration d'où sortirent : *De la Réorganisation de la Société européenne* (1814) ; *Opinion sur les mesures à prendre contre la Coalition de 1815* ; *l'Industrie littéraire et scientifique liguée avec l'Industrie commerciale et manufacturière* (1817).

Pourtant le haut sens critique de Thierry ne tarda pas à s'apercevoir de ce qu'il y avait de vague et d'irréalisable dans les projets de son maître ; puis, en outre, l'amour de l'indépendance du jeune homme ne pouvait s'accommoder de l'autoritarisme du réformateur. Ce fut non pas la brouille, mais une séparation.

Il entra alors (1817) au *Censeur Européen*, le plus hardi des journaux de l'époque, que dirigeaient Auguste Comte et Dunoyer. Le *Censeur* avait, durant les Cent Jours, combattu, aux termes mêmes de son programme : « L'influence du sabre sur la logique, de la moustache sur la raison. »

Cette ligne de conduite à laquelle il ne changea rien après le retour de Louis XVIII, ne tarda pas à le faire succomber sous les coups de la Censure. Augustin Thierry y avait publié de remarquables articles qui devaient être réunis sous le titre de *Dix ans d'Etudes historiques*.

---

avec sa franchise habituelle. Fouché lui remet 2 billets de banque dans la main en disant : *Bravo, jeune homme ! continuez d'écrire, mais faites attention à vous. Vous avez blessé au vif le cœur du tyran.*

Aug. étant tout jeune avait été obligé pour vivre, de mettre son talent d'écrivain aux gages des notabilités libérales à la tribune d'alors. Laffitte lui donnait 200 fr. par mois pour faire ses discours d'apparat ; il avait 12 à 1500 francs par an de Basserauche ».

(Conversation avec le père Th   ).

La fin du mot a été effacée par **M.** de la Saussaye lui-même.

Après sa disparition, Thierry entra au *Courrier Français*; mais tandis que les légitimistes voyaient en lui un homme dangereux, ne tendant à autre chose qu'à démembrer la France et qu'à ébranler les fondements de la Monarchie; les lecteurs du *Courrier*, effrayés par une érudition trop grande pour eux et par des idées séditieuses pour le moins, écrivaient lettres sur lettres au propriétaire du journal, se plaignant fort de son nouveau rédacteur.

La direction pria l'historien d'atténuer sinon de changer le genre de ses articles : il préféra se retirer (janvier 1821).

Laissant de côté la presse, il occupa les quatre années suivantes à compulser, parmi la poussière et le fatras des bibliothèques, les sources de son *Histoire de la Conquête de l'Angleterre par les Normands*. Avec la première édition (avril 1825), vint le succès. L'ancien journaliste du *Censeur* et du *Courrier* venait de se classer parmi les premiers de nos historiens. Mais à quel prix ?

Comme il se promenait à Blois : « C'est étonnant, « dit-il, en s'arrêtant devant un jardin, voilà un « acacia que souvent j'ai vu couvert de magnifiques « grappes blanches... et maintenant elles sont « roses » (1).

Elles étaient blanches comme auparavant, mais c'était à travers un nuage sanguin que les voyaient ses yeux, congestionnés par le travail et par les recherches.

(1) *Le Collège de Blois et ses Anciens Élèves*. Discours prononcé à la Distribution des Prix du 2 août 1887, par le Dr Dufay, Sénateur. — Grande Imprimerie de Blois, 1887 — in-8° de 24 pages (p. 16).

Bientôt, en dépit des soins qui lui furent prodigués, il ne vit plus du tout. C'était la cécité complète à trente ans à peine. Dès lors, ne pouvant plus lire ni écrire, mais ne voulant pas pour cela interrompre ses travaux, il eut recours à l'aide de secrétaires dont le dévouement ne lui fit jamais défaut.

Le premier fut Armand Carrel, qui, à la suite d'une polémique de presse, devait trouver une mort tragique (1).

Hélas ! la cécité n'était pas venue seule !

En 1827, la paralysie la suivait, sans parvenir davantage à diminuer l'intelligence et le labeur de l'écrivain. Continuant ses travaux et participant à ceux de son frère Amédée sur les *Origines Gauloises*, le 7 mai 1830 il était élu membre de l'Académie des Inscriptions et Belles-Lettres. Parmi ceux qui s'intéressaient au candidat, il convient de citer La Fayette, dont nous avons eu sous les yeux une lettre de recommandation vraiment touchante.

A cette époque de sa vie, après la grande joie que lui causa la Révolution de 1830, se place un roman douloureux et intime dont témoignent les strophes intitulées : *La Voix de la Terre et la Voix d'En Haut*. Cependant, l'aveugle ne devait pas tarder à trouver son Antigone.

En 1831, il épousait Mlle de Quérangal, qui fut

---

(1) M. Thierry l'eut quelque temps (Armand Carrel) pour secrétaire, en voilant ce que ce titre avait d'inférieur par beaucoup d'attentions et de délicatesse. Carrel à l'école de ce maître, exerça et fortifia ses qualités fermes et précises, et s'accoutuma à ne jamais les séparer de l'idée qu'il se formait du talent.

Sainte-Beuve : *Causeries du Lundi* — 3 Mai 1852 — (Armand Carrel) — tome VI, p. 93.

pour lui la plus dévouée des compagnes, « à la fois
« son œil pour lire et sa main pour écrire, nuit et
« jour elle épiait ses maux et ses inspirations pour
« calmer les uns et recueillir les autres », suivant
l'heureuse expression de M. Guigniaut (1).

Cette part de bonheur qui rentrait dans son existence lui permit de se remettre avec plus d'ardeur au
travail ; de cette époque datent ses merveilleux *Récits
des Temps mérovingiens* (2).

Le *Comité des Travaux historiques* venait d'être
formé, et la publication de la collection des *Documents inédits de l'Histoire de France* d'être commencée. A Augustin Thierry, tout désigné par ses travaux
antérieurs, fut confié le soin de réunir des documents
inédits de l'*Histoire du Tiers-Etat*, dont les trois
premiers volumes parurent en 1850, 1853 et 1856.

Une publication de textes ne suffisant pas à satisfaire l'esprit de Thierry, il ne tarda pas à joindre à
ces trois volumes une savante introduction qui, en
1853, formait son *Essai snr l'Histoire de la Formation et des Progrès du Tiers-Etat.*

En dépit des maux toujours croissants qui, chaque
jour, s'appesantissaient sur lui, l'on sait quelle admi-

---

(1) *Notice historique sur la vie et les travaux d'Augustin Thierry,*
par M. Guigniaut. (Académie des Inscriptions. Séance publique
annuelle, 1ᵉʳ Août 1862), Paris, Didot, 1863, in-4º.

(2) C'était un romantique encore, et de la droite lignée de Walter
Scott, un romantique d'innovation et peut-être de témérité (nonobstant
la précision et la correction scrupuleuse de sa ligne), qu'Augustin
Thierry avec ses résurrections saxonnes et mérovingiennes. Il n'en aurait
peut-être pas voulu convenir ; mais le classique Daunou le tenait pour
tel et le savait bien.

Sainte-Beuve : *Causeries du Lundi* — 3 Mai 1852 — (Armand
Carrel) — tome VI, p. 93.

rable page dicta l'aveugle. C'est l'Hymne à la science dans toute sa beauté et toute sa force. Le mépris de l'intelligence nette et entière contre les misères physiques qui ne la sauraient amoindrir.

AUGUSTIN THIERRY INTIME

Dans la *Galerie des Contemporains Illustres* (1), M. Louis de Loménie trace un joli portrait d'Augustin Thierry, qu'il avait été visiter en compagnie de M. Ampère, en la maison de campagne qu'il habitait, les mois d'été, à Montmorency.

C'est, tout d'abord, la silhouette gracieuse de Mme Augustin Thierry, cette compagne et cette consolation trop tôt enlevées au courageux aveugle :

« A notre entrée dans un petit salon du rez-de-chaussée décoré avec une élégante simplicité, nous fûmes reçus par une femme jeune encore, de petite taille, vêtue de noir, aux manières distinguées, à la physionomie vive, intelligente et triste : c'était Mme Augustin Thierry, la compagne de l'historien, celle qui a compris combien il était désirable et beau d'associer son nom à un grand nom, sa vie à une vie de gloire et de douleur, de délaisser les vains plaisirs du monde pour se vouer tout entière au plus admirable rôle qui puisse être donné à une femme, au rôle d'ange gardien, de providence d'une âme d'élite emprisonnée dans un corps souffrant. »

Suit un détail qui, pour beaucoup peut-être, sera

______

(1) *Galerie des Contemporains Illustres*, par un Homme de Rien (Louis de Loménie). — Paris, 1841, in-12, tome III, pp. 1-36

une révélation. Non contente d'être pour son mari le meilleur et le plus dévoué des secrétaires, Mme Augustin Thierry écrivait pour son propre compte, la collection de la *Revue des Deux-Mondes* en témoigne (1).

« Je ne saurais pas que Mme Aug. Thierry est douée de facultés assez éminentes pour prendre elle-même une part directe et active à tous les travaux de son mari, je n'aurais pas lu les pages si remarquables de style et de pensées échappées à sa plume, et publiées dans la *Revue des Deux-Mondes* sous le titre de *Philippe de Merville* (1), que la destinée qu'elle s'est choisie suffirait à mes yeux pour témoigner chez elle d'un noble cœur et d'un noble esprit. »

Puis vient un long portrait du paralytique. Nous ne pouvons, vu la rareté de la plaquette qui le contient, résister à la tentation de le reproduire dans son entier.

« Enfin, j'entendis des pas qui s'approchaient, une porte à ma droite s'ouvrit, un domestique parut, portant sur ses épaules un homme aveugle, perclus, impotent. Nous nous levâmes tous : j'avais le cœur serré à la vue de cet être si fort par l'intelligence et si débile par les organes ; le domestique mettait dans tous ses mouvements je ne sais quelle respectueuse sollicitude qui me toucha ; on eût dit qu'il compre-

(1) THIERRY (Madame AUGUSTIN). Romans, *Philippe de Merville*, fragments de roman, scènes du xviiie siècle. *Revue des Deux-Mondes*, livraisons des 1er et 15 octobre 1833.

Sur le catalogue de la bibliothèque de M de la Saussaye, vendue en septembre 1887, au château de Troussay (Loir-et-Cher, figure d'autre part, sous le n° 764 : *Scènes de mœurs et de caractères au XIXe et au XVIIIe siècle ;* par Mme Augustin Thierry. Paris, J. Tessier, 1835. in-8°.

naît tout le prix de celui qu'il portait. Il se courba doucement en tournant le dos à un fauteuil sur lequel il déposa son fardeau, et il enveloppa d'un voile toute la partie inférieure de ce corps inerte. Cela fait, en un clin d'œil la scène a changé, et je me suis rappelé un passage de l'*Essai sur la Littérature anglaise*, où M. de Châteaubriand décrit la visite d'un contemporain à Milton : « L'auteur du *Paradis perdu*, vêtu d'un pourpoint noir, reposait dans un fauteuil à coude, sa tête était nue, ses cheveux argentés tombaient sur ses épaules et ses beaux yeux noirs d'aveugle brillaient sur la pâleur de son visage. »

« Sauf les cheveux blancs, c'était la même tête avec plus de sève et de jeunesse, en un mot, la plus admirable tête d'aveugle qui se puisse imaginer. Cette tête était noblement posée sur de larges épaules ; des cheveux du plus beau noir séparés avec soin sur un vaste front, s'arrondissaient en boucles autour des tempes ; sous des sourcils bien dessinés, des yeux noirs apparaissaient ouverts ; sans l'incertitude de leur direction, on les eût dit animés par le regard ; le nez grec était de la forme la plus pure ; la bouche moyenne, aux lèvres fines, délicates et mobiles, semblait douée de toute la sensibilité ravie à l'œil ; le menton bien dessiné portait une légère fossette à son extrémité ; il y avait dans les contours du visage et dans l'ensemble de la physionomie une expression remarquable, mélangée d'énergie, de finesse et de calme ; le timbre de la voix était net, accentué, quoique maladif ; la tenue était parfaitement soignée et élégante ; la partie inférieure du corps semblait paralysée, mais le mouvement du buste et des bras était libre ; les mains, dont

deux doigts, l'index et le pouce, semblaient libres,
étaient couvertes de gants. »

« Aussitôt qu'il a entendu le nom de la dame qui
nous conduisait, le bel aveugle s'est pris à sourire,
et pareil au sourire de Chactas, « ce sourire de la
bouche, qui ne se mariait plus à celui des yeux, avait
quelque chose de mystérieux et de céleste (1) ». La
dame s'est approchée, et l'aveugle a baisé avec une
grâce chevaleresque la blanche main qu'on lui tendait ».

« La conversation une fois engagée, cette belle
tête m'a paru comme rayonnante de l'éclat intérieur
d'une intelligence plus belle encore. J'ai entendu
beaucoup de gens qui ont la réputation de bien
parler, et qui parlent bien, mais je n'ai peut-être
rien entendu qui égalât en facilité, en netteté, en élégance, l'élocution de M. Aug. Thierry ; c'est sans
doute l'habitude de la dictée qui lui a donné cette
conversation qui ressemble à du style ; toujours est-
il qu'on peut dire de lui, en se servant d'une compa-
raison très connue, que sans effort aucun, sans
prétention aucune, il parle réellement *comme un
livre* » (2).

(1) *René*, p. 139.

(2) On doit également un joli portrait de Madame Augustin Thierry
et de l'historien à M. Nisard :

« Je m'entretins tout bas de lui avec sa femme qui n'aime à parler
que de lui, femme admirable qui est venue offrir à l'écrivain aveugle sa
main, son cœur, son esprit, ses nuits et ses jours pour le veiller, le
soutenir, lui faire voir par ses yeux, marcher par ses pieds, écrire par
ses mains ; qui s'est absorbée et confondue en lui. C'est l'éternel honneur
des femmes, qu'un aveugle puisse trouver une épouse fidèle qui se colle
à son bras, comme Antigone au bras d'Œdipe, et lui pose le pied sur
cette terre où tout est ronces et cailloux, même pour le voyant et le

« L'un de nous (M. Ampère) se préparait à partir pour l'Orient : M. Augustin Thierry nous a entretenus de l'Orient avec une étonnante poésie de pensées et de mots ; cet aveugle connaît tout, sait tout, se souvient de tout, et ce qu'il n'a pas vu avec les yeux du corps, il l'a vu avec les yeux de l'esprit. Comme Milton, il possède presque toutes les langues de l'Europe. Un de ses amis m'a dit l'avoir entendu quelquefois le soir, dans son jardin, aux pâles rayons du soleil couchant, réciter de sa voix maladive un chant d'amour en grec moderne ; et à ce moment, ajoutait le narrateur, il me semblait bien plus beau qu'Homère, et le Klephte inconnu, aveugle aussi peut-être, qui avait composé les vers qu'il récitait. »

« Durant tout le cours de cette conversation que j'écoutais attentif et silencieux, il me fut impossible de surprendre chez M. Augustin Thierry la plus minime préoccupation personnelle, la moindre pen-

valide. Je voulais en louer celle dont je parle ; mais elle m'en témoigna son déplaisir, disant que si on connaissait bien son mari, on la trouverait au-dessous de son devoir..... ».

« Imaginez-vous une belle figure douce et souriante, un front élevé, harmonieux, d'une grande blancheur ; de beaux yeux noirs qui ne voient plus, mais qui parlent encore, qui ont de l'expression et qui n'ont pas de regard..... ; une tête de beau jeune homme mûri par la pensée, avec un mélange de grâce et de gravité, et sur toute cette figure, dans tous ces traits que la maladie n'a pas déformés, un bon sens bienveillant, de l'élévation et de la naïveté, les qualités de ses livres, intelligence, sagacité critique, sentiment de la vie. Je lui trouvai le visage calme, reposé, comme s'il avait le pouvoir d'empêcher ses souffrances intérieures d'altérer ce pur miroir où se réfléchit tout ce qu'il y a de bon, d'intelligent, hélas ! et le peu qu'il y a de bonheur en lui. J'en fus d'autant plus surpris que je venais d'apprendre qu'il avait tous les soirs quelques moments de douleur aiguë : c'est là le prix dont la nature impitoyable lui fait payer ce peu de belles pages qu'il écrit dans les courtes trêves de ses souffrances. C'est un dur marché que celui-là, une page pour une heure d'angoisses ! Mais la crise passe, et la page reste ; il sait cela, il y a foi, et il ne se plaint pas du marché » (D. Nisard).

sée de retour sur lui-même ; bien plus, lui, si cruellement éprouvé par le sort, il parlait des souffrances et des infirmités des autres avec un accent de commisération plein d'une bonne foi touchante. Ainsi ce martyr mutilé de la science poursuit intrépidement la tâche qu'il s'est imposée. Quelquefois pourtant, aux heures les plus pénibles, les plus torturées, il lui arrive, dit-on, de s'écrier : « oh ! si je n'étais qu'aveugle ! » et la Providence, qui donne une grosse santé à tant d'êtres inutiles, ferme l'oreille aux vœux d'un homme supérieur qui ne demande qu'une infirmité de moins. »

« Hors ces moments de découragement qui sont rares, passagers et visibles seulement pour les plus intimes, M. Augustin Thierry semble plus étranger à sa situation que ceux qui l'entourent et l'écoutent : science, histoire, poésie, anecdotes, souvenirs de jeunesse, il traite tous les sujets avec cette même parole souple, élégante, colorée, nerveuse et noble ; chaque nuance de pensée se reflète sur ses lèvres, tantôt finement souriantes, tantôt mélancoliquement fléchies, tantôt énergiquement comprimées. Parfois, quand une pensée lui arrive grave et forte, un mouvement s'imprime aux muscles de l'œil : ces yeux d'aveugle, dont le noir mat se détache vigoureusement sur la cornée, s'ouvrent tout grands, vous diriez que la pensée s'efforce de se faire jour à travers l'opacité de la prunelle, et qu'après de vains efforts elle rentre en dedans, descend et passe sur les lèvres qui la reçoivent et la rendent non seulement avec des mots, mais avec l'expression même du regard ; et de temps en temps le bel aveugle effleure légèrement d'une main débile ces lèvres si expressives, comme pour caresser ce précieux organe, qui semble s'enrichir de tout ce que les autres ont perdu. »

D'autre part, Mme Gignoux, la plus jeune fille de ce Martin Etève, instituteur à Lorris, puis professeur au Collège de Blois, où, n'étant pas bachelier, il ne put jamais franchir l'enseignement des classes élémentaires, et qui avait, en novembre 1823, épousé Adélaïde Thierry, sœur d'Augustin et d'Amédée, nous a également fourni quelques notes sur les dernières années d'Augustin Thierry, après son veuvage.

Ce sont là des souvenirs de jeune fille, de fillette presque : Mme Gignoux n'avait guère que douze ans et demi lorsqu'elle fut appelée à Paris auprès de son oncle, et après avoir appris surtout le piano dans la maison de la rue du Montparnasse, elle épousa en 1856 un employé du Ministère des Finances, aujourd'hui retraité et maire de Créteil, près Charenton. M. Gignoux est officier d'Académie.

Après avoir habité d'abord passage Sainte-Marie, puis, après la mort de sa femme, avenue d'Antin, dans un hôtel dont une partie était occupée par la princesse Belgiojoso, Augustin Thierry, vers la fin de 1847, était allé, rue du Montparnasse, habiter un nouvel hôtel, que venait de faire construire la princesse.

Dans cette demi-province de la rive gauche : c'étaient deux pavillons reliés par un jardin d'hiver, permettant ainsi plus facilement de voisiner à Mme de Belgiojoso et à l'illustre malade. Leur salon était alors fréquenté par les hommes les plus en vue : Guizot, Villemain, Cousin, Dupin, Mignet, etc.

Quelques maisons plus loin, habitaient Henri Martin, Edgar Quinet et Sainte-Beuve. Avec Henri Martin, M. Egger de la Sorbonne avait le privilège d'être des amis préférés d'Augustin Thierry. A l'occasion de l'élection du savant helléniste, il se fit, pour la dernière fois, conduire à l'Institut. Par une fatalité, de même que plus tard Félix Bourquelot, le collaborateur du Maître dans ses recherches sur l'*Histoire du Tiers-Etat*, Egger devait mourir aveugle.

Malgré ses douleurs, qui parfois lui arrachaient des plaintes qu'il ne pouvait taire, Thierry recevait de 4 à 5 heures et de 9 à 11 heures du soir : heures partagées par la conversation et la musique. C'était là, en effet, une grande joie pour lui ; Prudent, Lacombe, Saint-Saëns, et d'autres non moins célèbres, se sont fait souvent entendre chez lui.

L'ami le plus intime était Ary Scheffer, le peintre connu dont l'amitié ne se démentit jamais. La mort ne les a pas séparés : ils reposent maintenant côte à côte dans le caveau de la famille Scheffer au cimetière Montmartre (1856) (1).

(1) Voici, à titre documentaire les lettres de faire-part de la mort d'Augustin et d'Amédée Thierry. Nous en devons la communication à la gracieuseté de deux Blaisois, MM. Belton et René Fileau.

Monsieur AMÉDÉE THIERRY, Conseiller d'Etat, Membre de l'Institut, Officier de la Légion d'honneur, Madame AMÉDÉE THIERRY et leurs enfants, Madame ETEVE (de Blois) et ses enfants, Mademoiselle DE QUERANGAL ;

Ont l'honneur de vous faire part de la perte douloureuse qu'ils viennent de faire en la personne de

Monsieur JACQUES-NICOLAS AUGUSTIN THIERRY

Membre de l'Institut, Commandeur de la Légion d'honneur, Officier

Bien que son salon fût surtout fréquenté par des hommes, Renan entre autres, qui, dans ses *Souvenirs d'Enfance et de Jeunesse*, a narré ses relations avec Augustin Thierry (1), des femmes, et non les moindres,

de l'ordre de Léopold de Belgique, etc., leur frère, beau-frère et oncle, décédé en son domicile à Paris, le 22 Mai 1856, à l'âge de 61 ans.

PRIEZ POUR LUI.

Paris, le 28 Mai 1856.

M

Madame Amédée THIERRY, Monsieur Gilbert THIERRY, ancien Auditeur au Conseil d'Etat et Madame Gilbert THIERRY, Monsieur Augustin THIERRY, Monsieur Jacques THIERRY, Capitaine d'Etat-Major, Chevalier de la Légion d'honneur, Madame ÉTEVE et ses enfants ;

Ont l'honneur de vous faire part de la perte douloureuse qu'ils viennent de faire en la personne de

Monsieur Simon-Dominique AMÉDÉE THIERRY

Membre de l'Institut, ancien Sénateur, Président de la Section d'Histoire et de Philologie du Comité des Travaux historiques et des Sociétés savantes de France, Doctor in civil law de l'Université d'Oxford, Membre de l'Académie Royale de Belgique, de la Société Royale Danoise des Sciences de Copenhague, de l'Académie des Sciences de Hongrie, de l'Athénée de Venise, de l'Institut de Washington, Grand-Officier de la Légion d'honneur, Commandeur de la Rose du Brésil, Officier de l'ordre de Léopold de Belgique, etc., etc., leur époux, père, beau-père, grand-père, frère et oncle, décédé à Paris, le 26 Mars 1873, dans sa 76e année, muni des Sacrements de l'Eglise.

PRIEZ POUR LUI.

(1) M. Augustin Thierry fut pour moi un vrai père spirituel. Ses conseils me sont tous présents à l'esprit, et c'est à lui que je dois d'avoir évité dans ma manière d'écrire quelques défauts tout à fait choquants, que de moi-même je n'aurais peut-être pas découverts. C'est par lui que je connus la famille Scheffer, à laquelle je dois une compagne qui s'est toujours montrée si parfaitement assortie aux conditions assez serrées de mon programme de vie, que parfois je suis tenté, en réfléchissant à tant d'heureuses coïncidences, de croire à la prédestination.

(*Souvenirs d'Enfance et de Jeunesse*, par Ernest Renan, membre de l'Institut (Académie française et Académie des Inscriptions). Paris ; Calmann-Lévy, 1883, in-8º, p. 371).

venaient parfois causer avec l'aveugle et l'égayer un peu du froufroutement de leur féminité : la fille du général Hoche, Mmes de Tracy, de Corcelle, de Rémusat, Adolphe Périer, Lady Elgin, Lady Holland, la princesse Czartoriska, enfin, qui, élève de Chopin, le charmait par son rare talent de musicienne.

De six heures à huit heures et demie du soir, sans trève, sans aucun jour de repos, il travaillait, couché sur son lit, comme pour le sommeil, dictant à ses secrétaires les plus belles pages peut-être de son œuvre.

**

A la même date (samedi 9 novembre 1895), paraissait à Paris, dans le journal le *Temps*, cette intéressante *interview* (1) de M. Gilbert-Augustin Thierry. Nous la reproduisons dans son entier, tant pour l'intérêt qu'elle présente que pour la polémique à laquelle devaient donner lieu les déclarations de M. Gilbert-Augustin Thierry relatives à la prétendue conversion de son illustre parent :

AUGUSTIN THIERRY

RACONTÉ PAR SON NEVEU

On célèbre à Blois, demain dimanche, le Centenaire d'Augustin Thierry. Des voix autorisées vont retracer cette noble existence, conter le long labeur et

(1) Bien que dans son *Nouveau Supplément au Dictionnaire d'Argot* (E. Dentu, 1889, in-12, de 284 pages), M. *Lorédan-Larchey* semble admettre cet *anglomanisme* comme masculin, nous croyons devoir lui donner le genre féminin, nous fondant pour cela, sur la lettre de Mgr Perraud, de l'Académie Française.

les recherches passionnées de l'historien, mettre en
relief tout ce qui fait de lui, dans ce siècle, une si
grande figure. Aucune ne nous dira ce que fut
l'homme dans son intimité, avec ses pensées de derrière la tête, avec ses habituelles manières d'être dans
la solitude et le calme du chez-soi ou dans le cercle
restreint de ses amis.

C'est cet homme que nous avons prié son neveu,
M. Gilbert-Augustin Thierry, de nous faire connaître.
L'écrivain distingué qui s'est fait dans la littérature
de ce temps, avec ses romans historiques ou méta-
physiques, une place si personnelle et si haute, s'est
prêté à notre interrogatoire de bonne grâce. Il a
évoqué devant nous ses souvenirs. Les voici :

« Mon oncle est né, vous le savez, en pleine tour-
mente révolutionnaire, le 10 mai 1795, à Blois. Son
père, qui fut plus tard conservateur de la Bibliothèque de la ville, était alors chef de bureau au district. Catholique très pratiquant, sa première pensée
fut de faire baptiser son enfant, quelque danger qu'il
pût encourir, par un prêtre non assermenté que
tenaient caché, dans un obscur taudis, les fidèles.
Mon grand-père veilla, avec le même soin, à ce que
la première éducation de l'enfant fût entourée des
mêmes soins religieux, puis il le mit, à l'âge de sept
ans, au Collège.

« Etrange Collège que celui-là. Le personnel enseignant, recruté en désordre, à la hâte, au lendemain de
la Terreur, comprenait l'assemblage le plus hétéro-
clite. A côté de quelques-uns de ces lettrés sérieux et
modestes, possédant à fond le latin, amoureux tout au
moins du grec, comme il s'en trouvait un bon nombre

dans la province d'alors, les magisters les plus ignares se voyaient. Le régent de sixième, par exemple, était un brigadier de gendarmerie. Cela dit tout.

« Mon oncle n'en fit pas moins de fortes études qui le menèrent, en 1812, à l'âge de dix-sept ans, à l'Ecole normale. Il y eut pour camarades Cousin, Villemain et Guigniaut. En février 1814, après un séjour de moins de deux ans à l'Ecole, il était nommé professeur d'histoire à Compiègne. Il n'y était pas depuis huit jours qu'on licenciait, à l'approche des alliés, le Collège. Augustin rentra sans argent, sans position aucune à Paris, où il battait le pavé, quand il rencontra un personnage bizarre, plus tard fondateur de religion, alors simplement grand seigneur, mais qui se posait déjà, devant la haute société de son temps, comme un réformateur idéologue et social, le comte Henri de Saint-Simon.

« Saint-Simon était un esprit d'une très haute portée, aussi bien théorique que pratique, mais d'une ignorance absolue. Augustin lui tomba fort à propos sous la main. Dans le pêle-mêle tumultueux de ses idées, le jeune professeur introduisit, avec beaucoup de connaissances, un peu d'ordre. Les idées de Saint-Simon, en revanche, déteignirent sur lui et mon oncle lui voua une admiration enthousiaste. Sous cette direction assez incohérente, mais point banale en somme, Augustin écrivit un tas de brochures qu'ils signèrent, Saint-Simon et lui, de leurs deux noms. L'enthousiasme du néophyte ne se refroidit que quand il vit, deux ans plus tard, son penseur tourner au réformateur religieux. Il le quitta pour entrer dans la presse.

AUGUSTIN THIERRY JOURNALISTE

« On s'imagine volontiers que le ton, si haut monté, si brutal parfois, si grossier, des polémiques d'aujourd'hui, est un phénomène antérieurement inconnu dans l'histoire de la presse française. On se trompe. Si vous aviez parcouru, comme moi, les collections de journaux de la Restauration, vous verriez que les aboyeurs de la presse actuelle n'ont rien inventé. On s'injuriait, on se bafouait, on se vilipendait, du camp libéral au camp ministériel, avec le même acharnement, la même rage, les mêmes délices raffinées qu'à présent. C'était une bataille incessante, une mêlée de fauves en délire. Augustin se jeta à corps perdu dans la lutte.

« Le plus avancé des journaux de l'opposition, le plus violent dans ses attaques contre les idées et les hommes du parti gouvernemental était le *Censeur Européen,* dirigé par Comte et Dunoyer. Mon oncle entra au *Censeur.* Il en devint bientôt, par sa dialectique pressante et serrée, par l'ardeur et la variété de ses attaques, par le mouvement et la vie de ses articles, le *leader* politique et le vrai rédacteur en chef. Houspillées, malmenées par lui avec une verve étourdissante, les feuilles royalistes rendirent au « jeune Augustin Thierry », comme elles le nommaient de façon dédaigneuse, la menue monnaie de sa pièce. Elles la lui rendirent largement, avec une générosité que nos contemporains admireraient.

« Alors, comme aujourd'hui, le pivot de toutes les discussions était la lutte des classes ; mais la lutte, au lieu de se soutenir entre la bourgeoisie et le prolétariat, se soutenait entre la noblesse rentrée dans les fourgons de l'étranger avec les mêmes préjugés, les mêmes illusions que jadis, et le tiers-état vaincu à Waterloo.

« La charte de 1814 s'était posée comme étant un octroi gracieux du roi à ses sujets les Français. En même temps, tous ceux qui, dans le parti des émigrés, tenaient une plume, Chateaubriand, Montlosier, émettaient cette thèse : — « Il y a en France deux « races, la gauloise et la franque, la vaincue et la « victorieuse. La noblesse est fille des premiers con- « quérants, le tiers-état et le peuple sont les descen- « dants des vaincus. En reprenant à la tête du pays « la première place, en commandant impérieusement « à la seconde, la noblesse remplit son rôle histo- « rique. En rentrant dans ses charges et dans ses « privilèges, elle fait rentrer la France dans l'ordre. »

« A quoi Thierry répliquait :

« Soit, vous êtes les descendants de la race conqué- « rante, mais vos aïeux étaient des brutes que le « vaincu a vainement essayé de façonner. L'intelli- « gence en France, la vraie noblesse, viennent des « autochtones. »

« Des travaux entrepris sous le coup de fouet de cette polémique est sorti le premier ouvrage de mon oncle, son histoire si connue et si dramatiquement résumée de *Jacques Bonhomme*. C'est le journalisme qui l'a fait historien.

« En 1821, le *Censeur Européen* était brusquement supprimé d'un trait de plume. Augustin passa au *Courrier Français,* dirigé par le comte de Kératry, père du littérateur actuel, et dont l'opposition, tout en étant très franche, n'avait ni l'intransigeance, ni l'âpreté du *Censeur*.

« Mon oncle y publia ses premières *Lettres sur l'Histoire de France*. Mais sa polémique, dans cette maison réservée et décente du *Courrier*, fut jugée trop ardente. On lui en fit des observations auxquelles il répondit vertement. Il quitta le journal et, par contre-coup, le journalisme où il lui était impossible d'exprimer en toute liberté sa pensée.

« Il se voua, dès lors, tout entier aux études historiques, et, en 1825, il publia sa *Conquête de l'Angleterre par les Normands*, où il poursuivait toujours sa théorie de l'antagonisme des races dans le même peuple, où il montrait, avec son amour passionné du vaincu, sa haine pour le vainqueur.

« Deux ans plus tard, en 1827, apparaissaient ses dernières *Lettres sur l'Histoire de France*, dominées par la même pensée historique. Il y glorifiait la commune et le prolétariat, il y réduisait à leurs vraies proportions le rôle et l'importance des seigneurs.

« La même année, en pleine production, un malheur affreux l'atteignait : une paralysie du nerf optique lui enlevait l'usage de la vue. Son travail ne s'en ralentit pas pour cela. En 1834, il publiait *Dix Ans d'Etudes historiques,* et en 1840 son chef-d'œuvre, ses récits vivants, colorés, merveilleusement exacts et pourtant passionnants, des *Temps mérovingiens*.

« Il s'était marié entre temps. En 1831, il avait épousé une femme d'une intelligence supérieure et d'une exquise bonté, fille d'un émigré breton, l'amiral de Kérangal, qui se piquait de littérature et qui avait même produit des romans.

« Mais la fatalité s'acharnait contre l'infirme. Sa femme lui fut enlevée en 1844, sans lui avoir donné d'enfants, et la paralysie, qui n'avait pris d'abord que ses yeux, atteignit ses membres inférieurs. Il devait vivre en cet état plus de vingt ans, avec des souffrances atroces qui ne s'apaisaient jamais et qui lui permettaient à peine une heure ou deux de sommeil chaque nuit.

« Le coup d'Etat de décembre 1851 le jeta dans un découragement profond. Il trouvait un illogisme absolu dans cet événement qui, en mettant son pays à la merci d'une dictature militaire, entravait son développement normal, et ce développement normal, dans sa pensée, n'était autre que l'évolution progressive du tiers-état sous une monarchie tempérée. A partir de ce moment, nous ne pouvions plus, suivant lui, marcher que de surprise en surprise et de révolution en révolution.

« Mais revenons sur les années de jeunesse de mon oncle. En déroulant les étapes de sa vie, j'ai volontairement négligé un point important, celui des croyances religieuses. Voici l'exacte vérité sur ce point.

« Très attaché dans sa première jeunesse et grâce à l'éducation familiale aux pratiques du catholicisme, Augustin Thierry s'en était entièrement détaché aux premiers temps de son séjour à Paris. La guerre acharnée qu'il soutint, sous la Restauration, contre les rétrogrades en faveur du libéralisme, accentua son éloignement de l'idée religieuse et le transforma en une hostilité déclarée qui se traduisit par les attaques les plus âpres. « Depuis Voltaire, disait Louis Veuillot de mon oncle, nul n'a porté au catholicisme des coups plus terribles. »

LA PRÉTENDUE CONVERSION D'AUGUSTIN THIERRY

« La souffrance et l'âge le calmèrent. Devenu plus impartial, il fut le premier à reconnaître que l'enfièvrement de la lutte l'avait parfois égaré, qu'il lui était arrivé quelquefois de dépasser la mesure. Avec une loyauté parfaite, il l'avoua. Avec une loyauté plus grande encore, il entreprit de corriger tout ce qui, dans ses écrits, pouvait être entaché de parti pris. On l'en loua.

« Le père Gratry fut à ce moment mis en rapport avec lui. Une fois introduit, le religieux vint dans la maison fréquemment et, comme il fallait faire à l'aveugle des lectures latines de textes ecclésiastiques, il finit par amener avec lui un jeune prêtre, sorti récemment de l'École normale, cardinal de demain, l'abbé Perraud. Derrière les Oratoriens, le curé de Saint-Sulpice, l'abbé Hamon, s'introduisit à son tour, et, à la faveur de discussions purement historiques, à propos de l'examen de questions qui n'avaient avec la religion aucun lien, le sulpicien entreprit une campagne qui devait aboutir, il l'espérait du moins, à une conversion éclatante.

« On a prétendu que ces efforts avaient été couronnés de succès. Mon père, étroitement lié avec son frère, ne lui a jamais entendu formuler un propos qui donnât raison à ce bruit. Pour lui, comme pour tous ceux qui restèrent jusqu'à la fin les intimes et les confidents de la pensée du malade, ce retour au catholicisme n'est qu'une fable. Augustin Thierry envisageait assez sérieusement les devoirs de l'historien : il avait atteint, dans les derniers temps de sa vie, des hauteurs assez sereines pour que le souci de la vérité l'obligeât à modifier ce qu'il avait pu dire d'inexact sur certains points difficiles à déterminer nettement, sur le rôle, par exemple, de la papauté au Moyen Age. Mais, s'il a abjuré des erreurs, ce ne sont que des erreurs historiques, et l'indépendance de pensée dont il avait fait preuve toute sa vie ne l'a pas quitté sur la fin. En tout cas la réconciliation solennelle escomptée n'eut pas lieu. Le 20 mai 1856, dans la nuit, mon oncle fut foudroyé par une congestion, au milieu d'une phrase qu'il dictait.

« Il n'y en eut pas moins sur sa tombe un scandale. Le jour des obsèques, au moment où l'on allait enlever le cercueil pour le conduire au cimetière, le curé de Saint-Sulpice prit la parole et, apostrophant l'assistance, il déclara qu'Augustin Thierry était un exemple du peu qu'est la science, puisqu'elle est obligée de venir à résipiscence et qu'un simple curé de campagne enseignant le catéchisme connaissait mieux la vérité que les plus illustres docteurs des académies et des instituts du monde.

« Inutile d'ajouter que ces paroles furent relevées comme elles le méritaient et qu'une polémique furieuse s'en suivit.

AUGUSTIN THIERRY CHEZ LUI

« Mais laissons de côté ces pénibles souvenirs et passons à l'histoire intime de mon oncle. Elle tient en peu de mots. Un homme qui ne vit que pour la science et pour la vérité, qui par surcroît est aveugle, ne se produit pas au dehors. Augustin Thierry, pendant les vingt dernières années de son existence, ne sortit guère de chez lui. Mais, ne pouvant aller chez les autres, il aimait à réunir autour de son fauteuil ses amis et les enfants de ses amis.

« Très lié, durant sa vie de journaliste, avec Arnold Scheffer, l'écrivain, il avait reporté, après la mort de ce dernier, toute l'affection qu'il lui portait sur ses frères, les deux peintres Ary et Henry.

« Les deux frères amenaient avec eux leurs enfants. Mon oncle avait une tendresse toute spéciale pour la fille de Henry, Cornélie, qui adoucissait ses souffrances en lui jouant au piano des morceaux de ses musiciens préférés.

« A la même époque, dans le salon du petit pavillon de la rue du Montparnasse, fréquentait un jeune homme timide, adonné aux études historiques. On l'appelait Ernest Renan. Mon oncle, qui portait un vif intérêt à ce jeune homme, l'avait fait entrer à la *Revue des Deux-Mondes;* il eut toutes les peines du monde à l'y maintenir. Buloz ne s'était-il pas avisé de critiquer le style de l'écrivain ? Voyez-vous Buloz corrigeant la copie de Renan, parce qu'il la trouvait mal écrite ?

« Quand son protégé, malgré Buloz, fut en vue, mon oncle le maria. L'union qui fit de Cornélie Scheffer Mme Ernest Renan avait été l'œuvre du vieil aveugle. Ni l'un ni l'autre ne lui en voulut, c'est contraire à tous les usages.

CHATEAUBRIAND CHEZ AUGUSTIN THIERRY

« Ce fut chez Augustin Thierry qu'eut lieu la première et probablement l'unique lecture des *Mémoires d'outre-tombe*. Chateaubriand, qui s'était fait avec tant d'empressement le défenseur des idées rétrogrades au début de la Restauration, avait changé d'opinion vers la fin, quand la Restauration l'eut mis à l'écart. Pour se créer une nouvelle clientèle, il passa bruyamment au camp opposé et dépensa pour gagner ses anciens adversaires, autant de diplomatie qu'il avait apporté naguère d'ardeur à les combattre.

« Il fit donc la cour à mon oncle, il fréquenta assidûment son salon, il y prononça même ces paroles, notées aussitôt par son hôte : « Il n'y a de salut pour la nation française que dans la République. » Comme contraste avec les idées d'autrefois, c'est joli.

« Vous vous rappelez que la préface des *Temps mérovingiens* contient une page enthousiaste où Augustin raconte comment sa vocation d'historien lui fut révélée par une lecture des *Martyrs*. Il en avait touché à Chateaubriand quelques mots, avant d'écrire la préface. Quant celui-ci la crut terminée, il dépêcha son courtier habituel de réclame Mme Récamier, à Mme Augustin Thierry.

« Au cours de la visite, avec force circonlocutions, Mme Récamier s'informa de la préface, exprima le désir de la lire. Elle voulait savoir si l'on y exaltait suffisamment le grand homme. Elle emporta une copie du passage.

« Vous savez si la page est élogieuse. Dire à un

homme qu'il a été dans l'histoire votre guide, *tu duc
et tua maestro*, comme Dante pour Virgile, reporter
sur lui tout l'honneur de vos découvertes à vous,
ce n'est pas là un compliment banal, et vous jugez
sans doute qu'après l'avoir dégusté Chateaubriand
s'estima satisfait. Point du tout, Mme Récamier revint
le lendemain prier qu'on montât la gamme. Augustin
la mit à la porte.

LA PRINCESSE DE BELGIOJOSO

« Une profonde amitié lia mon oncle à la princesse
de Belgiojoso, celle qui fut adorée par Musset. Dans
toute sa correspondance avec elle, qui ferait plusieurs
volumes, Augustin Thierry l'appelle « ma sœur » et
elle lui répond « mon cher frère ».

« Tous deux habitaient, rue du Montparnasse, à
l'entrée d'un vaste parc, deux pavillons séparés par
une galerie. Mon oncle habitait le plus petit, qui était
fort modeste, et la princesse, dont il était le locataire,
vivait sur le pied d'un grand luxe dans l'autre.

« C'est une curieuse physionomie que celle de la
princesse Christine Trivulce de Belgiojoso. J'ai dé-
pouillé sa correspondance, j'y ai trouvé des traits sin-
guliers : comme on dit de nos jours, c'est un type.
Elle appartenait à la plus haute noblesse d'Italie, et
par sa naissance et par son mariage. Est-ce l'exemple
de George Sand qui la fit, vers 1845, se séparer avec
éclat de son mari ? Je l'ignore. En tout cas, en 1847,
elle transforma son château de Trivulce, près Pavie,
en un phalanstère à la Fourier qui émut la police
autrichienne.

« Vient 1848, et la campagne du roi Charles-Albert
contre le feld-maréchal Radetzki. Elle lève et elle
équipe à ses frais un régiment de cavalerie à la tête
duquel elle se met, avec lequel elle fait campagne.
Puis, à la révolution de Rome, elle est élue membre
de la Junte ? Siégea-t-elle ? L'histoire ne le dit pas,
mais il y a chance qu'elle l'ait fait.

« Après la défaite, l'Autriche la poursuit de sa
haine, lui confisque ses biens. Elle se sauve, se ré-
fugie d'abord à Athènes. On l'en expulse, elle s'en-
fuit à Constantinople. Expulsée de nouveau, elle
s'en va en Asie-Mineure où elle installe, à Trébi-
zonde, un refuge pour les révolutionnaires.

« Un de ses protégés l'assassine, la tue à moitié.
Elle guérit, rentre en France et, pour achever sa
carrière, grâce à la protection de mon oncle, elle
entre à la *Revue des Deux-Mondes*… devinez à quel
titre ?… comme romancier.

« Il va sans dire que, des habitués du salon de
mon oncle, elle était la plus fidèle. Elle avait ses
raisons. Dans son inépuisable bonté, mon oncle cor-
rigeait sa prose et la remettait au point.

« Outre les Scheffer et la princesse, Augustin Thierry
recevait régulièrement la visite de son ancien camarade Villemain, qui fut avec Mignet, l'historien,
son ami le plus intime. A des intervalles plus rares,
on voyait paraître Guizot, Cousin qui le paya plus
d'une fois par l'ingratitude la plus noire des procédés les plus affectueux, et de loin en loin Michelet.

« J'arrête ici mes souvenirs. Je n'en ai que trop
déroulé jusqu'ici, et je ne veux point lasser vos lecteurs. »

D'autre part, le *Figaro* publiait le dimanche 10 novembre ce très intéressant et très littéraire premier-Paris, de M. Ernest Daudet, que nous prenons également la liberté de reproduire *in extenso* :

AUGUSTIN THIERRY

La ville de Blois vient d'ériger un monument à la mémoire d'Augustin Thierry, le plus glorieux de ses enfants. Elle l'inaugure aujourd'hui, à l'occasion du Centenaire de sa naissance. Quand je dis monument, j'exagère. En fait, il s'agit d'un simple buste qu'à une époque antérieure Amédée Thierry, frère d'Augustin, avait offert à la Ville. en demandant qu'il fût exposé dans la Bibliothèque municipale, dont leur père avait été conservateur. C'est ce buste qu'on a transporté sur la place Victor-Hugo et qui perpétuera visiblement, mais trop modestement, selon moi, le souvenir de l'admirable évocateur du passé qui fut, sur le même rang que Michelet, le plus illustre des historiens français.

Ces Thierry de Blois remontent haut dans nos annales. Il y en eut un parmi les officiers de Charles V. Un autre combattit aux côtés de Jeanne d'Arc. Ils tombent ensuite dans l'obscurité. Au dix-huitième siècle, ils ne sont plus représentés que par un Thierry, sous-chef de bureau à la Municipalité blaisoise, qui fut le père d'Augustin et d'Amédée.

Ce modeste employé était un fervent catholique. Lorsque, durant la Terreur, naquit son fils aîné, il l'enveloppa de linges, le mit dans sa poche et alla le faire baptiser par un prêtre non assermenté, aimant mieux exposer cette vie si frêle, s'exposer lui-même à être dénoncé et à monter sur l'échafaud — on y montait pour moins que cela — que recourir à un prêtre jureur.

L'enfant, quand il fut en âge de commencer ses études, entra comme interne au Collège de Blois. Brillant élève, mais indiscipliné, on lui reprochait son indocilité d'esprit, son défaut de souplesse, ses fréquentes révoltes contre ses pions, que volontiers il chansonnait et qui se vengeaient en multipliant les punitions. Il n'en mena pas moins à bien son instruction et, quoique le latin lui eût été enseigné par un ancien gendarme, il entrait en 1812 à l'Ecole normale. Là il eut pour maître de conférences Villemain et pour condisciple Cousin. Il se lia avec eux, avec le premier surtout, d'une amitié que la mort seule devait briser.

En 1814, il était nommé professeur de cinquième à Compiègne. La guerre et l'invasion l'empêchèrent de prendre possession de son poste. Les fonctionnaires reçurent l'ordre de se rabattre sur Paris. Il y alla, y resta, y vit s'écrouler l'Empire, revenir les Bourbons, et y connut Saint-Simon.

Celui-ci n'était pas encore le bizarre réformateur religieux qu'il devint plus tard, mais un pur économiste. Très vain de sa naissance, prétendant qu'il appartenait à la branche aînée des Saint-Simon, tandis qu'à l'en croire, le duc, auteur des *Mémoires*, n'aurait appartenu qu'à la branche cadette, il n'en voulait pas moins reconstituer la société française sur la base de l'Industrie et du Commerce, à l'exclusion de la noblesse et avec l'appui de la royauté. Incapable d'écrire en bon français, ne pouvant, par conséquent, exposer ses théories, ni les défendre, il s'attacha le jeune Augustin Thierry, que le hasard lui fit rencontrer. Les *Mémoires* qu'il fit paraître de 1814 à 1816, à l'appui de ses opinions, sont signés de lui et de son collaborateur. Mais ce ne pouvait être là, pour celui-ci, qu'une position transitoire. Aussi entrait-il, en 1816, au *Censeur Européen*, que venaient de fonder Charles Comte et Dunoyer.

* *

La lutte était alors engagée entre les anciens émigrés et les libéraux non bonapartistes sur la question de savoir à qui appartenait le droit d'exercer une prépondérance décisive sur la nation. Le fameux comte de Montlosier venait de publier son livre sur la monarchie, ou il s'attachait à établir « que le vrai peuple français, la nation primitive, c'était la noblesse, postérité des hommes libres des trois races mélangées sur le sol de la Gaule ; le tiers-état était un peuple nouveau, issu des esclaves et des tributaires de toutes les époques. » La prépondérance revenait de droit aux premiers à qui les seconds la disputaient depuis le douzième siècle. La Révolution n'avait été qu'une jacquerie organisée par ceux-ci ; mais tout devait rentrer dans l'ordre sous l'empire des doctrines que proclamait la Chambre introuvable. C'était un arrogant défi jeté à la France libérale.

Dans le *Censeur Européen*, Augustin Thierry le releva et, durant cinq ans, il poursuivit cette campagne de résistance aux théories de l'émigration.

« Oui, disait-il à M. de Montlosier, nous sommes une race de serfs et de vaincus. Mais, vous autres conquérants, vous êtes des usurpateurs que nous chasserons un jour. » Il accentua magnifiquement ces fières affirmations lorsque, élevant tout à coup le journalisme à la hauteur de l'histoire, il publia sa magistrale étude sur *Jacques Bonhomme.*

Le *Censeur Européen* ayant été supprimé, il entra au *Courrier Français* pour y continuer le combat commencé ailleurs. Mais ce combat, en se faisant plus violent, compromettait l'existence même du journal. Il fallut y renoncer, au moins sous cette forme. Augustin Thierry entreprit alors ses *Lettres sur l'Histoire de France,* dont le succès le décida à abandonner définitivement le journalisme pour porter plus haut ses visées. En 1825, à trente ans, il publiait son premier grand ouvrage : l'*Histoire de la Conquête de l'Angleterre par les Normands,* sujet admirable et qui lui permettait de développer ses théories favorites, de mettre en présence et aux prises des vainqueurs et des vaincus, de démontrer historiquement les droits des races autochtones.

Ce n'est pas là, toutefois, le principal mérite de cette œuvre si forte. Ce qui la distingue de toutes celles qu'on avait publiées jusqu'alors, c'est qu'elle rompait résolument avec les vieilles méthodes historiques, pour en créer, de toutes pièces, une nouvelle : sous l'historien, l'artiste apparaissait. Pour la première fois, l'histoire abdiquait le ton didactique, les formes surannées, les allures compassées, et, au récit monotone des faits, substituait la mise en scène qui les éclaire, la description du décor où ils se sont accomplis, la peinture des caractères et même le dialogue des personnages. C'est presque du roman, par la forme, et c'est cependant à l'image de la vérité.

Le succès du livre fut immense, sans rien rapporter d'ailleurs à l'auteur, si ce n'est de la gloire. Il avait dû abandonner à l'éditeur le produit de trois éditions, pour le dédommager des innombrables et coûteuses corrections qu'il avait faites sur les épreuves.

C'est ici le cas de constater qu'en dépit de son génie, il n'était pas né astré, c'est-à-dire sous une bonne étoile. Toute sa vie ne devait être que tristesses. Il venait de publier la seconde série des *Lettres sur l'Histoire de France*, lorsqu'il fut frappé d'un coup irréparable. Presque subitement, il devint aveugle sans espoir de guérison. Dès lors — c'était en 1827 — il n'allait plus trouver de consolation que dans le travail.

La Révolution de 1830 combla ses vœux. Il crut y voir la réalisation de ses théories historiques, la revanche et le triomphe, avec et par la royauté, de la race conquise, l'avènement du tiers-état, compromis et retardé par les excès de la Révolution et de la Terreur. Retiré chez son frère, Amédée Thierry, préfet de Vesoul, il dicta, sous l'influence de ses idées, les *Récits des Temps mérovingiens*, rayonnante exhumation d'un passé disparu, qui fait de lui l'égal de Michelet. Peut-être n'a-t-il pas la vision géniale de ce dernier et les interprétations hors nature tenant plus de la poésie épique que de l'histoire ; mais, assurément, il le dépasse par l'exactitude des descrip-

tions d'hommes et de choses, par son sens merveilleux de la vérité. Dans l'introduction de ce livre, il
développe encore son système de juxtaposition de
deux peuples à côté l'un de l'autre, dont l'un, accablé
sous le Moyen Age, se révolte, finit par se relever et
devient le maître de la France.

Ce sera là encore le trait capital de ses *Etudes sur
le Tiers-État*, commencées en 1840 et interrompues
en 1848, quand la révolution de février et le coup
d'Etat vinrent infliger à son système historique le
brutal démenti du fait accompli. Cette France, qu'il
croyait rentrée dans sa vraie voie en 1830, venait d'en
sortir. Il voyait se poser des questions qu'il considé-
rait comme des absurdités historiques, un quatrième
état — le prolétariat — se dresser en face du tiers avec
la prétention de se former contre lui, tandis qu'il aurait
dû logiquement s'y confondre. Dans ce désastre moral,
Augustin Thierry renonça à continuer ses *Etudes sur
le Tiers-État*. Il les avait conduites jusqu'à la mort de
Louis XVI. Il les publia telles qu'elles étaient.

Bientôt après, sa maladie s'aggrava. La paralysie
du nerf optique, qui, depuis vingt-cinq ans, l'avait
privé de la vue, s'étendait à tous les membres. Ce
n'était plus qu'une masse inerte en qui tout semblait
mort, sauf le cerveau. Il n'en rêva pas moins d'entreprendre la révision de son œuvre. Il avait toujours
été, en ses livres, très ardent contre le clergé. Veuillot
disait que personne n'avait porté à l'Eglise des coups
plus haineux que les siens. Ce qui était plus vrai,
c'est qu'avec l'âge qui calme les ardeurs, Augustin
Thierry commençait à craindre d'avoir dépassé la
vérité. De là, cette révision de son œuvre pour la-

quelle il fit d'abord appel à l'un de ses disciples, qu'il avait marié à la fille du peintre Ary Scheffer, auteur du superbe portrait que nous avons de lui. Ce disciple était Ernest Renan. Sur plusieurs des manuscrits dictés par Augustin Thierry existent des notes de Renan, où se révèle ce beau scepticisme dont il ne se dépouilla jamais : des « peut-être », des « que sait-on », des « cependant » et des « mais » qui témoignent des incertitudes d'un esprit flottant et sans conviction.

Il fallait à Augustin Thierry autre chose, d'autant plus que, dans l'effarement général qui succéda à 1848, sa pensée le ramenait vers le christianisme. Quelques amis avaient tenté de faire de lui un protestant. Il s'y était refusé. Un beau jour, il s'adressa au Père Gratry, de l'Oratoire, afin d'éclairer ses doutes de conscience et ses doutes d'historien. Le Père Gratry lui amena un jeune prêtre, l'abbé Perraud, celui qui est aujourd'hui évêque d'Autun, membre de l'Académie Française, et qui sera cardinal demain. L'abbé Perraud, pendant deux ans, vint chez le glorieux aveugle presque tous les jours discuter des textes et l'aider en son travail de révision.

C'est là sans doute ce qui fit dire, lorsque Thierry mourut d'une congestion cérébrale en 1856, dans sa petite maison de la rue Montparnasse, qu'il s'était converti. Le curé de Saint-Sulpice, le vénérable abbé Hamon, contribua à propager ce bruit en adressant, le jour des funérailles, aux savants réunis autour du cercueil ces paroles saisissantes : « Du fond de cette tombe, ce mort vous donne un exemple. Il vous crie qu'il n'y a pas de science sans la foi et la révélation. » A vrai dire, cependant, il n'y avait pas eu conversion.

Augustin Thierry reconnaissait avoir, en quelques pages de ses livres, dépassé la vérité ; il voulait réparer ses erreurs. Mais on ne relève, à nul des moments qui précédèrent sa mort, aucun acte d'abjuration. Elle fut, à l'image de sa vie, sereine, calme et résignée.

Membre de l'Académie des Inscriptions et Belles-Lettres, il n'avait jamais voulu entrer à l'Académie Française. La Compagnie lui ayant décerné, en 1841, le prix Gobert, le lui maintint ensuite jusqu'à sa mort. En devenant académicien, il eût été privé de cette ressource, que sa pauvreté rendait nécessaire à son existence, et il préféra ne pas l'être.

J'ai nommé plus haut son frère, l'historien Amédée Thierry. La place me manque pour parler de lui comme je le devrais. Esprit de haute envergure, ses travaux historiques ne sont pas dépréciés par le voisinage de son aîné. En 1828, professeur d'histoire à la Faculté de Besançon, il avait, pour ses débuts, publié l'*Histoire des Gaulois*. En 1830, M. Guizot le fit préfet, puis maître des requêtes au Conseil d'Etat et, en 1841, il entra à l'Institut. Ayant tracé, en l'un de ses ouvrages, le rôle du Césarisme dans le monde romain, il reçut à cette occasion, du prince Louis Napoléon, détenu à Ham, une lettre où le futur Empereur lui disait : « Vous êtes prophète. Vous avez vu ce que je voudrais appliquer si j'étais César. » Quand vint l'Empire, il fut nommé conseiller d'Etat et plus tard sénateur.

Ainsi, tandis que l'aîné des deux frères condamnait le Césarisme, le cadet y trouvait l'expression de ses idées. Cette divergence d'opinions ne les empêchait pas de se chérir. Les deux Thierry furent de belles âmes et de nobles intelligences. Notre éminent confrère Gilbert-Augustin Thierry, fils de l'un et neveu de l'autre, porte dignement l'illustre nom qu'ils lui ont légué.

Ernest DAUDET.

Bien que publiés au lendemain des fêtes *(Gil Blas* du 12 novembre 1895 et *Nouvelle Revue* du 1er décembre 1895), l'intéressant article de M. Jules Bois et la remarquable étude de M. Paul Hamelle trouveront place ici. Si les fêtes du 10 novembre ont été, en effet, l'occasion et le cadre de ces deux études, c'est bien l'historien qui y est célébré et magnifié. Nous ne saurions séparer ces éloges de ceux qui les précèdent :

LE

CENTENAIRE D'AUGUSTIN THIERRY

Celui qui a vu le portrait d'Augustin Thierry, par H. Scheffer, l'a compris. C'est un esprit d'équilibre et de justice, comme las de bonté, plié sous la miséricorde.

Le nez puissant et régulier dit le rythme de la vie comme l'eurythmie du verbe. La lèvre est moins dédaigneuse qu'un peu écœurée, les yeux et le front débordent de poésie, mais l'attitude est vaincue. Les plis du gilet eux-mêmes témoignent, par leurs cassures larges, l'escalier en quelque sorte de l'étoffe, d'une existence de rêveur qui s'offensa de n'avoir jamais assez été selon le Rêve. Lui qui enregistra les souffrances et la lente création du peuple, sans doute au milieu des divers régimes, constata combien, malgré les théories diverses, il est difficile aux hommes d'être heureux. Seul l'espoir qui le transporta toute sa vie ne l'a pas déçu ; il vit grandir l'intellectualité plébéienne, et ce tiers-état anonyme, il y avait peu de temps, devenir une riche touffe d'individualités et de caractères. — Mais le portrait s'achève dans la douleur, les bras semblent déjà contournés, les muscles bégaient. La redoutable paralysie a déjà marqué sa place.

Du portrait on conclurait l'œuvre, si nous ne la connaissions déjà depuis nos plus lointaines années, si elle ne nous était pas chère, souvent, à d'autres titres que l'œuvre de Michelet ; mais cependant, encore, pour ce même esprit d'indépendance, ce souffle de rébellion, cet espoir en l'homme nouveau. Nobles âmes, certes, que ces âmes, à qui les lauriers de Napoléon n'infligèrent pas une détestable ivresse, qui se souvinrent de la liberté, ce bien psychique, et rejetèrent l'oripeau sanglant, grossière vanité. Le petit voyage qu'il fit, nouveau-né, dans la poche de son parrain, lui apprit, sans doute, l'instabilité de la fortune et combien seul est durable le bienfait de l'esprit.

Ce fut sa mission de retourner l'histoire. Jusqu'à lui on ne se préoccupait que des rois, des grands, du panache insolent posé sur le front douloureux des peuples. Mais des peuples, non. Les peuples n'étaient plus ; cette masse profonde, mouvante, qui fait tout, d'où tout sort, ne comptait pour rien ; les excellents chroniqueurs du temps passé l'oubliaient, il n'avait pas plus d'histoire que la mer et que les vents. Vaincu, la tête contre la terre, faisant mentir le mot d'Ovide (le visage sublime, vers le ciel), rappelant le mot de La Bruyère, la bête des campagnes, celle qui n'a en plus de l'accident du sol que de souffrir... C'est à celui-là que s'intéressa Thierry, il se pencha vers lui, compta ses larmes, exalta ses hauts faits, surtout cette énorme et féconde patience. *Jacques Bonhomme,* tel est le héros de toute son œuvre, le Gaulois qu'opprimèrent les Romains et les Francs, la bonne race dont nous sommes, qui se déploie aujourd'hui dans une flore d'intelligence, qui apparaît monstrueuse tant elle est imprévue et démesurée. J'ai lu un article du futur auteur des *Récits mérovingiens,* alors qu'il n'avait encore que vingt-cinq ans. Il écrivait dans un journal de l'opposition intitulé le *Censeur Européen.* C'est en 1820, en pleine réaction contre les principes révolutionnaires. Eh bien, il faut lire ce pamphlet hardi et sobre, où il semble avoir formulé l'idée-mère de ses œuvres d'avenir ; la servitude injuste et éternelle du peuple, de ce Jacques, trahi par ses conquérants, par ses évêques, par ses chefs, par ses mandataires plus tard, et qui est la vraie nation, tandis que l'aristocratie régnante appartient soit à la vieille race latine, soit à la neuve race germaine. La France, c'est Jacques, c'est le gaulois, le serf, le vilain, la « monnaie vivante » comme on l'appelait en le taillant à merci. Ce goût pour l'humble et le faible, qui fera plus tard délirer Michelet, pousse Augustin Thierry à la lutte contre les religions oppressives, lui fait serrer sur son cœur d'homme libre les hérésies, ces premiers cris d'émancipation, et n'est-ce pas le même feu inextinguible qui change en un flambeau de vérité et de justice la plume de son frère Amédée Thierry, lorsqu'en face du christianisme victorieux, il proclame la grandeur et la beauté de ce Julien, défiguré sous le nom d'apostat ?

Serait-ce à dire qu'Augustin Thierry fut un des pères du socialisme moderne ou du plus récent anarchisme ? Oh ! que non pas. Ce n'était pas un sectaire. Il rêvait l'émancipation de l'homme, comme Voltaire et comme Rousseau. Il les rappelle, ces ardents amoureux de l'humanité, jusque par le style, car jamais il ne donna dans les folies romantiques, pas plus qu'il ne s'embarqua dans les bateaux des polititiciens. Seulement, devançant Renan, il voulait et prophétisait un âge d'or non pas divin et dans un passé reculé, mais un âge d'or dans l'avenir humain, un triomphe de la pensée et de la liberté.

En Augustin Thierry, l'honnête homme se double donc de l'écrivain, ou plutôt l'un et l'autre marchent de pair. Celui qui restera comme un des maîtres narrateurs du siècle fut révélé à lui-même par la lecture des *Martyrs*. De même que la générosité de son âme le conduisait plus tard vers l'apôtre Saint-Simon, sa passion de couleur locale et de rythme le précipita vers Chateaubriand. Lui-même il raconta les heures fiévreuses passées auprès des Francs de Mérovée, dans la petite salle d'étude où il s'était clos sous le prétexte d'une entorse, tandis que ses camarades couraient les bois. Il se leva, marchant de long en large, déclamant le chant de guerre de ces Francs dont il devait, lui aussi, évoquer la barbarie effrénée sous les symboliques peaux de bêtes de leurs vêtements. Magnifique après-midi qui nous enfantas le premier historien des races nouvelles, sois bénie ; tu fus l'incubation obscure et juvénile des chefs-d'œuvre immortalisant le nom de ce travailleur opiniâtre que la cécité elle-même n'arrêta pas.

En effet, Augustin Thierry fut aveugle très jeune. La destinée aime à être injuste avec ceux qu'elle voue aux lauriers. Elle le fut amplement pour Thierry, qui resta pauvre malgré le succès de ses livres et qui vivait surtout d'un prix de l'Académie. Aveugle, ne pouvant même plus se servir d'une main trop paralysée pour écrire, il trouva dans sa femme, Mlle de Quérangal, un symbole vivant des providences et cette intellectuelle amour fut l'Antigone de cet Œdipe historien.

En somme, Augustin Thierry laisse un nom aussi limpide que glorieux. Ce nom est une noblesse acquise où ne se mêle aucun alliage bas. Il est perpétué et illustré comme d'un éclat tout spécial par le fils d'Amédée, qui, unissant dans le même culte son père et son oncle, a voulu qu'ils soient au delà de la mort fiers de celui qui vit. M. Gilbert-Augustin Thierry, que le *Gil Blas* s'honore de compter parmi ses collaborateurs, est un des cerveaux les plus curieux, une des âmes les plus passionnées, un des meilleurs écrivains que je sache. Il est probe et impétueux, dédaigneux des ornières, apte au coup d'aile, tenté par le mystère, avide de philosophie. Il rappelle par sa conversation et son tour de pensée les néo-alexandrins au spiritualisme inquiet et mystique. Les *Aventures d'une Ame en peine*, la *Savelli*, le *Masque* (je ne cite que ces œuvres-là, car j'ai hâte), en leur diversité suffisent à la gloire durable d'un vaillant littérateur, dont le fils qui se nomme Augustin, comme son grand-oncle, saura continuer la pure tradition.

Espérons que, pour son propre honneur, l'Aca-

démie Française, qui ne s'est pas encore associé le nom
glorieux, saura bientôt accueillir chez elle M. Gilbert-
Augustin Thierry, qui y eut déjà pour parrain l'austère
et redoutable Leconte de Lisle.

Suivait un compte rendu très vivant et très spirituel des fêtes du 10 novembre, au cours duquel
l'esprit malicieux du brillant écrivain qu'est M. Jules
Bois s'amusait à saisir et à rendre sur le vif cette
scène digne de Balzac, la grande querelle du Préfet
de Loir-et-Cher avec sa bonne ville de Blois. Nous
le supprimons, non sans regret peut-être, ne voulant
pas éterniser ce vaudeville, dont les couplets ne méritent pas l'honneur d'être conservés.

L'étude de M. Paul Hamelle est d'un lettré et d'un
poète également. Nous sommes heureux de la reproduire en son entier, toutes les qualités que nous
connaissions à notre ami s'y retrouvent :

UN CENTENAIRE A BLOIS

Le 10 novembre 1895, la paisible petite cité de
Blois célébrait une fête de famille : c'était le Centenaire d'Augustin Thierry, dont elle inaugurait, non
la statue de bronze ou de marbre, décidément trop
imposante et qui éloigne, mais le buste, bien mieux
ici, le buste qui rapproche en rappelant. Pieux hommage offert par la Ville à l'un de ses plus fidèles
enfants, qui fut aussi l'un des plus grands historiens
de la France, comme un de ses plus purs caractères ;

souvenir de reconnaissance émue où l'admiration se fondait dans l'affection.

Le site choisi ajoutait à cette impression de calme intimité : à l'entrée de la ville, un petit jardin de fraîche verdure, entre le château et une vieille église ; un soleil tiède d'automne souriant à travers les dernières feuilles. Et les orateurs, pas trop nombreux, étaient diserts, voire éloquents. Après les paroles de bienvenue du Maire à ses visiteurs, M. Liard, directeur de l'enseignement supérieur, en quelques traits d'une lumineuse sobriété, définissait le talent du noble historien. Puis, M. Brunetière, très remarquable, « comme c'est sa coutume en pareil cas », disait la gloire du maître. D'autres parlaient encore...

Je ne les suivrai pas. Je voudrais seulement, après et d'après eux, esquisser cette vie et cette œuvre, telles qu'aujourd'hui elles m'apparaissent.

*
* *

Chez Augustin Thierry, entre l'une et l'autre, entre l'âme et son expression écrite, point de ces divorces si déconcertants ailleurs ; point de ces dédoublements si chers à notre psychologie moderne. La vie et l'œuvre ne font qu'un, s'expliquent réciproquement, s'entremêlent et s'entr'éclairent.

Voyez d'abord le cadre : n'est-il pas le plus significatif des commentaires ? L'influence du milieu s'affirma-t-elle souvent d'une plus impérieuse évidence ?

Augustin Thierry, un des plus beaux historiens de France, naît au cœur de la France, dans cette ville qui est comme imprégnée d'histoire, dans ce vieux

Blois dont chaque pierre a un passé : *Habent sua
nomina saxa*. Sa famille — modeste — en est origi-
naire. Ses premiers regards se lèveront tout naturelle-
ment vers le château suggestif qui domine toute la
vallée de la Loire, « le vrai pays de gloire ». Puis il
entrera au Collège dont il sera l'orgueil, avant qu'il
devienne l'honneur de son temps. On sait quelle
heureuse aventure lui advint là : le livre des *Martyrs*,
de Chateaubriand, tombé entre ses mains, et le bel
enthousiasme de l'écolier qui parcourait la salle
d'études en répétant : « Pharamond, Pharamond, nous
avons frappé avec l'épée ! » Cela n'est pas la cause,
certes, mais le signe ! N'en doutons pas. C'est l'éclair
avant-coureur qui illumine l'avenir, une seconde ;
c'est l'avertissement providentiel à l'enfant de sa haute
vocation. Après, qu'il s'éloigne, même qu'il oublie,
les impressions de ces premières années ont pénétré
trop profondément en cette âme pour s'y jamais
effacer.

Nous entrons dans la seconde phase de sa vie. Augustin Thierry, élève à l'Ecole normale, y reçoit la
forte discipline classique. Ensuite sa bonne fortune le
place sur le chemin de Saint-Simon, dont il devient le
collaborateur, le fils adoptif. Le grand utopiste réformateur était à sa manière un merveilleux « accou-
cheur d'âmes ». Il entr'ouvrit à la curiosité du jeune
homme des horizons nouveaux ; il lui signala une
humanité que les livres ne montraient guère. Ce fut
son rôle. Il ne domestiqua pas cette intelligence
libre.

Mais Saint-Simon n'est qu'un des noms, le plus
expressif peut-être, de l'esprit révolutionnaire qui

souffle sur le monde et qui s'empare de cette jeune
tête. La révolution, à cette heure, elle est partout, en
lui et hors de lui. En lui qui est né au lendemain de
1793, à la veille de l'épopée impériale, parmi laquelle
il grandit. Autour de lui, dans cette société si profondément bouleversée, quand les nations qui existent
prennent d'elles-mêmes une plus nette conscience :
quand les autres au nord et au midi de l'Europe, dans
l'Amérique aussi, toutes celles qui ne sont pas encore revendiquent le droit d'être. Elle est dans cette
science nouvelle de plus en plus avide de connaître ;
elle est dans la littérature où le romantisme se prépare, qui sera la prise de possession, par l'imagination, des mondes lointains dans l'espace ou le temps ;
le goût immodéré des choses étrangères, l'exotisme ;
et l'envolée vers le Moyen Age « énorme et délicat »,
vers la Renaissance « avec toute sa force ardente,
souple, artiste » (1).

Parmi cette effervescence, un homme jeune, « atteint
d'une âme », selon la belle expression de Villiers de
l'Isle-Adam — et c'est le cas du nôtre — que fera-t-il ?
Il fera ce qu'a fait Augustin Thierry, il se lancera
dans la bataille pour ses idées, les idées libérales et
humanitaires. Il y apportera la fougue de son âge
avec l'intransigeance d'un rêve, pour qui la terre
sainte est l'univers entier (2).

Il manque à son éducation si variée les leçons de
cette suprême éducatrice, l'expérience qui lui ensei-
gnera la mesure. En attendant, tout à la poursuite de

(1) Verlaine, *Sagesse.*
(2) A. Retté, *l'Archipel en fleurs.*

son idéal, il s'écarte, il semble s'écarter de sa voie. De fait, il s'en rapproche, il y revient — par un détour, il est vrai, — celui-ci. Il va demander au passé des armes pour la lutte présente ; il interroge les documents et c'est ainsi que la politique et la philosophie vont l'amener en face de l'histoire. Ici, écoutons-le : « Si je songeais à devenir historien, c'est à la manière des écrivains de l'école philosophique, pour abstraire du récit un corps de preuves et d'arguments systéma-tiques, pour démontrer, non pour raconter. » L'histoire n'était d'abord pour l'écrivain qu'un moyen de polémique ; insensiblement elle deviendra une fin en soi. A manier les vieux écrits, il s'en éprend. Déjà, la conversion est commencée. Pour l'achever, il ne faut plus qu'une circonstance. L'apparition d'*Ivanhoé*, voilà la circonstance heureuse qui l'achèvera. Walter Scott et *Ivanhoé* sont au jeune homme ce que furent à l'enfant Chateaubriand et les *Martyrs :* une révélation. Ne reconnaissons-nous pas tout l'écolier d'autrefois dans celui qui s'écrie : « Ce fut avec un transport d'enthousiasme que je saluai l'apparition du chef-d'œuvre, *Ivanhoé*. Walter Scott venait de jeter un de ses regards d'aigle sur la période historique vers laquelle depuis trois ans se dirigeaient tous les efforts de ma pensée. »

Ce cri-là, ne nous y trompons pas : c'est l'*euréka* du savant qui a trouvé la formule, mieux encore, c'est le : « je vois, je crois, je sais » du néophyte !

Maintenant, c'en est fini des tâtonnements. Walter Scott, « avec ses yeux de bonne route », s'est présenté au voyageur égaré. Augustin Thierry a compris l'histoire : qu'elle n'est pas un exercice de logique, mais l'image écrite, pittoresque et vivante de la réalité, qu'elle doit être une résurrection et surtout qu'elle vaut d'être aimée pour elle-même. Le but est devant lui et il y marche, d'abord avec l'ardeur de ses vingt-cinq ans ; plus tard, bientôt, avec le calme de sa maturité que son infirmité a faite précoce.

Les vieux manuscrits dont il prétend arracher les secrets se vengent ; ses yeux se sont usés à cette comtemplation intense. Elle est connue de tout Blésois, l'anecdote de cette promenade dans le jardin d'un ami : « C'est étonnant, dit le visiteur, voilà un acacia que souvent j'ai vu couvert de magnifiques grappes blanches et maintenant elles sont roses. » Déjà ses yeux le trompaient ; ils allaient lui refuser même cette erreur !

Nous voici sur le second versant de cette vie, le versant de l'ombre. Augustin Thierry est aveugle. Et la *Conquête de l'Angleterre par les Normands* vient de paraître, qui est bien la plus claire vision que regard d'homme ait eue des siècles abolis.

Cependant, la paralysie s'ajoutait à la cécité. Il resta doux, lui aussi, envers ses maux, « comme il l'était envers tout le monde ». La sereine beauté de son visage n'en fut pas altérée. Réduit à l'immobilité, « obligé, comme il le dit, de faire amitié avec les ténèbres », son grand labeur ne s'en arrêta point. Avec une admirable quiétude, il poursuivit son œuvre.

Une telle paix, sans doute, prend sa source dans la conscience de la destinée accomplie. Pourtant, soyons justes. Un secours extérieur et inespéré adoucit cette misère. On sait à quel touchant roman nous faisons allusion ici. Un jour vint où le grand aveugle rencontra celle qui mérita d'être appelée son Antigone, la pieuse compagne « qui fut à la fois, selon l'expression de M. Guigniaut, son œil pour lire et sa main pour écrire ; qui, nuit et jour, épiait ses maux et ses inspirations pour calmer les uns et recueillir les autres ». Celle dont il dira quand elle le quittera, qu'il lui semblait perdre la vue une seconde fois !

N'importe, il avait fait sa tâche maintenant. Après les *Récits mérovingiens* de la même époque et de la même manière que la *Conquête des Normands,* les *Essais sur l'histoire du Tiers-Etat* affirmaient la vitalité du peintre devenu philosophe. « Il avait réalisé le prodige sans exemple peut-être, écrit Renan, d'une âme forte sachant se passer des sens extérieurs et continuant durant trente années une brillante carrière intellectuelle avec des organes plus qu'à demi conquis par la mort. »

C'est qu'il avait, pour le soutenir et l'éclairer, cette force qui a vaincu le monde : la foi. La foi, non pas tant peut-être en une vérité révélée, qu'en la vérité tous les jours découverte ou recherchée : en la science.

Il est de lui, cet hymne admirable qui est aussi un aveu réconfortant : « L'étude sérieuse et calme n'est-elle pas là ? Et n'y a-t-il pas là un refuge, une espérance, une carrière à la portée de chacun de nous ? Avec elle, on traverse les mauvais jours sans en sentir le poids. On se fait à soi-même sa destinée, on use noblement sa vie... Voilà ce que j'ai fait et ce que je ferais encore, si j'avais à recommencer ma route : je prendrais celle qui m'a conduit où je suis ! »

Le 22 mai 1856, il achevait de mourir.

.·.

Et maintenant, son œuvre. Nous l'avons plus qu'aux trois quarts dite, en racontant sa vie. Elle s'y attache comme le lierre au vieil arbre. Il ne faut plus qu'en préciser quelques caractères. Lui-même nous y aidera.

Il est d'un temps qui exige « qu'on lui apprenne tout, qu'on donne à chaque siècle sa véritable place, sa couleur et sa signification. » Cet idéal, ce but à atteindre, c'est précisément l'idéal, c'est le but de l'écrivain, tels qu'ils les a définis et posés : J'avais, nous dit-il, l'ambition de faire de l'art en même temps que de la science, de faire du drame à l'aide de matériaux fournis par une érudition sincère et scrupuleuse.

Il sera donc d'abord un savant consciencieux. Il racontera. Mais, en faisant table rase des systèmes, des préjugés, des idées préconçues (et ce dernier sacrifice ne sera pas sans lui coûter, et il ne le réalisera pas du premier coup), il gardera sa personnalité. C'est qu'il y a quelque chose dans l'esprit, peut-on dire, en détournant un peu de son sens une formule fameuse, qu'on n'en saurait arracher, et ce quelque chose, c'est l'esprit même ; Augustin Thierry, en se donnant tout entier aux êtres et aux événements qu'il décrit, restera Augustin Thierry, et cela est heureux.

Il aura l'exactitude, mais l'exactitude n'est pas la vérité ; du moins, elle n'est pas toute la vérité, surtout en histoire. L'histoire humaine n'est pas une simple branche de l'histoire naturelle, et ce qui suffit à l'une ne suffit pas à l'autre. Notre historien sera impartial ; mais son impartialité, il faut le répéter, ne s'élèvera ou plutôt ne s'abaissera pas à l'indifférence. Car l'indifférence, c'est la mort, et l'histoire doit d'abord vivre, vivre par le mouvement, par la couleur, et, sinon par la passion, par l'émotion. Augustin Thierry le proclame ; n'est-il pas le fils en esprit des deux grands romantiques, Chateaubriand et Walter Scott, ses initiateurs à la beauté ?

Sans intervenir au récit, sans se mettre en scène ou en cause, on le sentira partout présent dans son œuvre, s'identifiant à ses personnages, prenant sa part de leurs aventures, bonnes ou mauvaises ; poétique avec les Bretons « qui vivaient de poésie », brutal presque avec les Normands, et, chef-d'œuvre d'un art raffiné, naïf au milieu de tous ces naïfs. Plus tard, le philosophe interviendra pour résumer et conclure. Montesquieu achèvera l'œuvre d'Hérodote.

Quelle différence entre cette façon de comprendre l'histoire et l'ancienne, celle d'avant lui, et quelle révolution ! De ses prédécesseurs, « les uns, écrivains sans érudition, n'avaient pas su voir ; les autres, écrivains sans imagination, n'avaient pas su peindre ». Augustin Thierry a été un grand érudit doublé d'un grand coloriste.

« Cela, Messieurs, a dit excellemment M. Liard, cela est de lui et cela est lui : l'érudition pour amasser les matériaux, l'imagination pour les animer, le travail du bénédictin pour étudier, discuter, classer, analyser les textes, la vision du poète pour retrouver parmi tous ces débris ce qui fut humain, ce qui vécut, ce qui palpita, ce qui souffrit. »

Ce qui souffrit ; la pitié, voilà le trait suprême de cette physionomie. Il semble que sa douleur ait élargi et embelli cette âme, pour qu'elle reçoive et reflète toutes les autres douleurs. Un lien de mystérieuse sympathie l'attache à toute misère. Devant elle fléchit l'impartialité de l'historien qui reconnaît son faible en ces termes d'une simplicité charmante : « Il est permis de ne pas voir sans quelques regrets la ruine d'autres civilisations qui auraient pu grandir et fructifier, un jour, pour le monde, si la fortune avait été pour elles. »

Et le droit à la pitié ainsi posé, il en use : « Alors, dit-il, parlant des Anglo-Saxons vaincus, cette race d'hommes jusqu'ici victorieuse appellera sur elle un genre d'intérêt qu'elle n'a encore pu exciter, car sa cause deviendra la bonne cause, elle sera la race souffrante et opprimée. » La pitié hospitalière ne distingue pas entre la souffrance individuelle ou collective, elle accueille toute victime : Nation illustre, commune obscure ou femme malheureuse, témoin Galswinthe. L'intelligence l'a conduit à la bonté, et la bonté pénètre et réchauffe l'intelligence. A travers toutes ces pages, circule un même souffle d'amour qui les vivifie et les ennoblit. C'est lui qui fait vraiment l'unité supérieure de cette œuvre si diverse, comme aussi l'unité de l'artiste avec l'homme.

Celui-ci, jadis, avant le buste, nous apparaissait très haut, très loin dans le passé. Il nous apparaissait avec quelque chose d'antique et de légendaire, comme d'un héros de Plutarque égaré dans le Moyen Age.

Vaguement, notre imagination le plaçait à côté d'Homère et de Milton, les deux grands aveugles, ses frères aînés de l'épopée et de l'infortune.

Maintenant, sa gloire change d'aspect. Elle se précise, en se rapprochant, elle s'humanise. N'est-il pas notre voisin depuis l'autre jour, en le joli square de verdure, et même le compagnon de nos enfants, grave un peu, mais point trop intimidant, celui dont ils diront : « C'est un ami que grand'père a connu (1) ! »

PAUL HAMELLE.

(*Nouvelle Revue,* 1er décembre 1895.)

Ces notes sembleraient incomplètes, sans doute, s'il n'y était parlé des tendances internationalistes d'Augustin Thierry à ses débuts, lors de sa collaboration avec Saint-Simon.

L'une des jeunes revues — ou si l'on préfère des revues de jeunes, elles en sont en effet à leur septième année et je ne saurais, pour ma part ne leur point souhaiter longue vie — qui, avec *le Mercure de France, l'Ermitage* et *la Plume,* semble incarner le mouvement intellectuel de demain, *la Revue Blanche,* se chargeait de ce soin et dès juin 1895, publiait un très intéressant article de M. Ludovic Marchand, sur *Augustin Thierry internationaliste.*

Par une analyse ou des extraits, on risque toujours de défigurer non seulement la phrase, mais la pensée d'un écrivain. Pour obvier à ce danger, M. L. Mar-

(1) E. BLAU, *Notre Augustin Thierry.*

chand voudra bien nous pardonner de reproduire textuellement cette étude.

AUGUSTIN THIERRY INTERNATIONALISTE

En 1815 et en 1871, la France venait de subir l'invasion étrangère ; elle restait vaincue et amoindrie à la suite de deux dictatures impériales de même origine, de même nature et de même nom. Mais tandis que sous la troisième République le souvenir des revers nationaux devait être l'occasion d'un développement extraordinaire du chauvinisme et le point de départ d'armements inconnus jusque-là, les premières années de la Restauration virent éclore des projets d'alliance et des désirs de paix universelle. Au fond, les circonstances étaient très différentes : la guerre franco-allemande fut une surprise par la rapidité de la déroute ; l'amour-propre des Français fut d'autant plus mis à l'épreuve que l'ennemi était auparavant méprisé ; sans compter que dix-huit ans de parades et de gloriole avaient développé, dans les meilleurs esprits, un certain militarisme extérieur qui se traduisit sous la Commune par une profusion de galons et de panaches. Enfin, la répression même de la Commune permit aux gouvernants de restaurer tous les dogmes ébranlés. En 1815, au contraire, on était las de la guerre ; on avait amassé de la gloire pour longtemps ; la défaite même avait été une série de victoires, et on n'en voulait pas trop à un ennemi qui s'était si souvent laissé battre. Beaucoup d'hommes, sans doute, avaient été supprimés, et beaucoup étaient devenus des traîneurs de sabre. Mais il restait encore

bon nombre d'intelligences qui avaient été façonnées
par les philosophes du xviiie siècle et qui, à leur tour,
faisaient école ; Saint-Simon, qui avait peut-être eu
d'Alembert pour maitre, appelait alors Augustin
Thierry et Auguste Comte ses élèves. Augustin
Thierry essayait de formuler la théorie d'un nouveau
droit des peuples.

*
* *

En 1814 parut un petit volume intitulé : DE LA
RÉORGANISATION DE LA SOCIÉTÉ EUROPÉENNE, OU DE LA
NÉCESSITÉ ET DES MOYENS DE RASSEMBLER LES PEUPLES DE
L'EUROPE EN UN SEUL CORPS POLITIQUE, EN CONSERVANT A
CHACUN SON INDÉPENDANCE NATIONALE, par Henri Saint-
Simon et Augustin Thierry, son élève. Dans cet
ouvrage, où il est très difficile de distinguer la part
de chacun des collaborateurs, l'idée internationaliste
est encore peu développée. Les auteurs y proposent
l'alliance de la France et de l'Angleterre, alliance qui
amènerait rapidement la constitution des États-Unis
d'Europe. Sous l'influence des idées du temps, ils
donnent à cette constitution une forme copiée sur le
parlementarisme anglais modifié par Montesquieu.
Leur conception n'est qu'une extension de l'idée de
patrie ; il s'agit de créer un patriotisme européen.

« Peupler le globe de la race européenne, qui est
« supérieure à toutes les autres races d'hommes, le
« rendre voyageable et habitable comme l'Europe,
« voilà l'entreprise par laquelle le Parlement euro-
« péen devra continuellement exercer l'activité de
« l'Europe. »

Trois ans plus tard, dans deux volumes (1) où chacun des collaborateurs a signé son œuvre propre, la
conception s'est fort élargie. La seconde partie du
premier volume, due à Augustin Thierry, qui se dit
fils adoptif de Saint-Simon, porte comme sous-titre :
*Des nations et de leurs rapports mutuels ; ce que ces
rapports ont été aux diverses époques de la civilisation ; ce qu'ils sont aujourd'hui ; quels principes de
conduite en dérivent.*

Augustin Thierry se demande d'abord ce que c'est
qu'une *nation*. Il remarque que des hommes réunis
par le seul instinct de sociabilité, groupés sans avoir
conscience de ce qui les rapproche, ne forment point
une société.

« Société, c'est ligue ;..... lorsqu'un homme se
« ligue avec un autre homme, il est actif, il veut ; il
« n'y a point de coalition, point de société sans un
« objet. Si l'objet est passager, la société est mo-
« mentanée ; si l'objet est durable, la société est
« constante. »

L'idée de patrie ne saurait donc se fonder sur la tradition, puisque la tradition est une idée générale dont
le contenu a disparu avec l'objet primitivement pour-
suivi. Le but actuel lui-même n'existe pas en dehors
des volontés individuelles qui le conçoivent ; la
nation ne peut, sans se supprimer elle-même, s'offrir
en holocauste les individus qui la composent.

« Ce qu'on appelle l'esprit national, ce n'est en effet
« que la volonté individuelle qui imprime à chacun

(1) *L'Industrie, ou Discussions politiques, morales et philosophiques,*
Paris, 1817.

« son mouvement propre dans le sens du mouvement
« commun. On peut définir l'esprit national, l'esprit
« social, le patriotisme (car tout cela est une même
« chose) par ces deux mots : *idem velle atque idem*
« *nolle.* »

Comme il y a toujours un certain nombre
d'hommes qui conçoivent un même but à atteindre,
il se forme des nations.

« Les nations sont des partis. »

Mais si l'on veut classer les hommes suivant leur
nation, il ne faut point se laisser arrêter par des considérations de frontières, par les inégalités du sol, les
différences du langage, du gouvernement, de l'habit,
des manières :

« Tel homme, vivant où il est né, a ses concitoyens
loin de lui, et les étrangers à sa porte. »

⁎

Qu'est-ce donc qui détermine cette communauté de
vues chez les hommes d'une même nation ? C'est la
communauté des intérêts. La nature de ces intérêts a
changé dans le cours des siècles, et des nations diverses, qui étaient nées, ont disparu. L'Empire romain
fut une nation ; l'Europe du Moyen Age fut une nation au moment des Croisades, parce qu'alors tous
les chrétiens avaient une même volonté, celle de
défendre leurs intérêts matériels et moraux qu'ils
croyaient menacés.

Si les intérêts ont changé de nature, on peut cependant saisir le sens de leur évolution.

« Le caractère des peuples de l'antiquité était

« essentiellement militaire. Ce qu'il y avait de travail
« paisible était rejeté hors de la nation et abandonné
« aux esclaves. La grande industrie, c'était la guerre ;
« avec l'épée on produisait, par l'épée se grossissaient
« les richesses de l'Etat et des particuliers. »

Mais, par la suppression de l'esclavage, le travail
dut entrer dans l'Etat ; il fut confié à une classe, inférieure, il est vrai, mais qui n'en faisait pas moins
partie de la nation. Augustin Thierry attribue à l'affranchissement des Communes le développement
accéléré de l'industrie paisible. Depuis, cette industrie
n'a fait que progresser ; elle occupe aujourd'hui une
place prépondérante. Or, à mesure que l'industrie se
développe, la guerre devient plus funeste, et les nations formées en vue de la guerre perdent toute raison
d'existence.

« Pour un peuple dont l'industrie est l'objet, le
« premier de tous les intérêts c'est d'être en paix, car
« la guerre empêche de produire et d'acheter. Le
« second intérêt, c'est que les peuples voisins soient
« en paix entre eux, afin qu'ils se trouvent toujours
« en état de remplir les engagements contractés...
« L'industrie est l'ennemie de la guerre ; tout ce qu'on
« gagne en valeur industrielle, on le perd en valeur
« militaire. »

Le sentiment de l'intérêt industriel ne s'est d'ailleurs
pas développé seul dans les esprit modernes. Un
puissant intérêt moral s'y est adjoint, comme une
conséquence naturelle : c'est le souci de la liberté politique. de la liberté individuelle.

« Pour un peuple dont la liberté est l'objet, le plus
« grand fléau c'est la guerre. Toute organisation

« militaire, dans une nation, pèse sur la nation de
« tout le poids qu'elle pèse sur le dehors ; chaque
« homme enrôlé est un instrument de plus dans la
« main du pouvoir. En temps de guerre, les lois
« conservatrices de la liberté sont suspendues ; à la
« faveur de la diversion, des abus s'introduisent, les
« abus existants se fortifient, ils se font respecter,
« parce qu'on craint de s'affaiblir si l'on y touche. »

La guerre est donc à la fois un non-sens économique et un non-sens politique, et Augustin Thierry
conclut :

« A voir les choses d'un œil ferme, la guerre n'a
« plus de place dans le système intérieur de l'Eu-
« rope..... Et pourtant il y aura encore des guerres
« intestines, il y aura des guerres parce qu'il y a
« encore des soldats : mais les soldats ne sont point
« les peuples ; on pourra voir aux prises soldats contre
« soldats, nations contre soldats, mais non plus na-
« tions contre nations. »

Le spectacle actuel, non seulement de l'Europe,
mais du monde entier, ne semble point confirmer la
prophétie d'Augustin Thierry. Ceux qui préparent
« la guerre de demain » nous promettent au contraire
de grands chocs de peuples ; ce sont les nations qu'ils
arment, et ils se flattent de les faire marcher les unes
contre les autres. Il est vrai qu'ils n'ont pas encore
essayé.

*
* *

La trêve entre les nations n'a été rompue que par
les gouvernements ; mais la plaie du militarisme
subsiste et elle ronge le corps social, même en temps

de paix. Elle entretient les haines internationales, elle crée des non-valeurs, abaisse les intelligences et oppose la force brutale aux tentatives d'affranchissement. Qu'est-ce, par exemple, qu'un étranger, pour la majorité des patriotes ?

« Un étranger est d'abord un méchant homme qui
« a intérêt à nuire et à qui il faut nuire pour se pré-
« server ; c'est un homme qui veut nous vendre ses
« marchandises sans acheter les nôtres et par là nous
« épuiser d'*argent*. C'est un homme dont il faut
« ruiner l'industrie pour qu'il n'ait plus rien à vendre
« et tout à acheter, et qu'alors ce soit nous, à notre
« tour, qui l'épuisions d'*argent*. »

Si telle est l'opinion du peuple, de ceux qui n'ont point sans cesse devant les yeux le fantôme des conquêtes et des revanches, quel sera l'état d'âme de ceux dont le métier est de préparer la guerre, des soldats et de leurs chefs ! Augustin Thierry les appelle les *esclaves modernes*.

« Il y a maintenant dans tous les États une classe
« d'hommes qu'on achète et qu'on vend : qui ne
« peuvent disposer de leur corps ni s'éloigner d'un
« lieu désigné ; qui ne peuvent, de leur seule
« volonté, se marier ; qui sont jugés sans formes et
« condamnés sans appel ; quel nom donnera-t-on à
« ces hommes, autre que celui d'esclaves ?... Il y a
« des grades et des rangs parmi les esclaves ; il y a
« des commandants en chef, des commandants su-
« balternes, tous plus ou moins esclaves. Au-dessus
« est le Maître... La vertu des esclaves, c'est d'être
« dévoués au maître, c'est de le servir contre qui que
« ce soit, et aux dépens de la vie. Telle est aussi la

« vertu la plus haute aux yeux des esclaves modernes,
« et cela rend leurs maîtres fort à craindre. »

Leurs maîtres sont aujourd'hui une poignée d'oligarques qui détiennent le gouvernement, ou qui l'ont à leur service. Au moment où Augustin Thierry écrivait, le machinisme commençait à peine à précipiter l'évolution économique ; on ne voyait dans l'armée que la sauvegarde du principe d'autorité, sans comprendre encore que l'autorité défendait le capitalisme. Mais on sentait déjà que la raison invoquée pour le maintien des armées était fausse.

« C'est pour leur sûreté que les États d'aujourd'hui
« nourrissent ces multitudes armées qui en con-
« somment la substance : on dit que ce sont des
« remparts pour l'État. On peut se demander pour-
« quoi ces remparts de l'État ne sont pas aux confins
« de l'État, comme les murs aux bornes d'une ville ;
« pourquoi, au contraire, ils sont le plus souvent
« placés au centre, autour de la capitale, autour du
« siège de l'administration suprême, ayant là, en
« face, la nation, et, derrière, le Gouvernement.
« Est-ce que le Gouvernement serait la nation ? est-
« ce que la nation serait l'étranger ? »

Les fusillades qui ont ensanglanté tout le xixe siècle ont été une douloureuse vérification de ces paroles. Ces soldats entretenus à grands frais, exercés en vue d'un ennemi nombreux, discipliné, savant en l'art de détruire, n'ont eu d'autre gloire que de vaincre des sauvages et des ouvriers, également mal armés.

*
* *

Ce sont les conflits industriels ou commerciaux qui menacent de troubler la paix, et c'est précisément sur l'industrie et le commerce, sur la concordance des intérêts matériels qu'Augustin Thierry comptait pour arriver à l'entente universelle des peuples. Il plaçait désormais l'honneur national dans « l'émulation à produire tous les biens de l'humanité au sein de la paix. »

« Le jour, s'écrie-t-il, que tout le genre humain
« sera convaincu que le seul but de l'union sociale,
« que le seul objet des hommes rassemblés est le plus
« grand bonheur de chacun en particulier, ce jour-là
« il n'y aura qu'une nation, et cette nation ce sera
« tout le genre humain.

« Citoyens, travaillez pour le monde, le monde
« travaille pour vous ! »

Une partie de l'opinion publique était avec les apôtres de la paix, et, dans un compte rendu du livre d'Augustin Thierry, le *Censeur Européen* disait :

« Il y a en Angleterre, en France, en Hollande, un
« très grand nombre d'hommes industrieux, et d'*in-*
« *dustrieux éclairés;* il y en a en Allemagne, il y en
« a dans toute l'Europe ; ces hommes ont les mêmes
« intérêts, ils doivent donc s'allier, s'allier pour la
« paix; c'est dans la paix qu'ils trouveront leur sûreté,
« et ils sont assez forts pour la maintenir. »

Ils n'ont maintenu qu'une concurrence meurtrière, désastreuse pour toutes les nations, profitable seulement à un nombre d'individus de plus en plus restreint. C'est qu'en vérité les idées d'Augustin Thierry ont fait du chemin ; mais c'étaient des idées d'aristocrate : les hommes industrieux pour lesquels il écrit, ce sont les *industrieux éclairés* du *Censeur*, ceux qui vont former les *classes dirigeantes*, ceux qui font travailler, bien plutôt que ceux qui travaillent. Ceux-là ont pardonné à Augustin Thierry, surtout quand il eut échappé à l'influence fécondante de Saint-Simon, quand il eut remplacé sa théorie des nations par une théorie des *races* dont la longue exploitation lui procurera gloire et fortune. Ils ont d'ailleurs quelque peu réalisé son rêve et il y a, parfois, une entente cordiale entre les industriels du monde entier.

Il y a aussi une union internationale entre ceux qui produisent véritablement « tous les biens de l'humanité ». Les travailleurs ont repris l'idée d'Augustin Thierry, que leurs intérêts sont les mêmes ; ils veulent la paix, et, à leur tour, ils se croient « assez forts pour la maintenir ». Ils ont adopté la formule plus brève, plus précise, de l'Internationale : « Prolétaires de tous les pays, unissez-vous, et le monde vous appartient ! »

Ludovic MARCHAND (1).

L'anthropologie également peut, à juste titre, revendiquer Augustin Thierry comme ayant été un de ses créateurs.

M. le Dr Doutrebente, avec la compétence qu'il a en ces matières, faisait, à ce sujet, une intéressante communication à la *Société des Sciences et Lettres de Loir-et-Cher*, à la veille même des fêtes du 10 novembre.

(1) *Revue Blanche*, 15 juin 1895, pp. 543-548. — Le *Progrès de Loir-et-Cher* a donné une analyse de cette étude en son numéro du 8 décembre 1895.

Nous regrettons de ne pouvoir en donner qu'un résumé, d'après les procès-verbaux des séances de la Société. C'est là un côté intéressant de l'œuvre de Thierry, et qu'il est bon de ne pas oublier.

Le Dr Doutrebente attirait l'attention de ses collègues sur l'influence manifeste exercée par Augustin Thierry, dans la fondation à Paris, de la *Société d'Ethnologie* et par suite de la *Société d'Anthropologie*.

Buffon est le premier qui, en histoire naturelle, ait fait usage du mot *race* en lui donnant le sens qu'il devait conserver. Au commencement du siècle, Walter Scott décrivait *le clan* avec son chef, sa famille, ses serviteurs, ses vassaux vivant ensemble depuis les temps les plus reculés. Puis, Augustin Thierry démontrait que l'histoire ne doit pas être un recueil d'événements modifiables suivant le bon plaisir des Rois, mais l'étude des causes générales et des mobiles séculaires plus puissants que les peuples et les Princes.

« A la thèse surannée de la Providence présidant
« au sort des nations, Augustin Thierry substitua les
« raisons de famille et de peuple, les instincts hé-
« réditaires, les traditions, en un mot, l'*idée de*
« *Race* » (1). Le Dr Topinard, auquel nous empruntons les idées et même les mots dont il s'est servi, écrivait cela en 1885. Continuons à le piller.

Avec Augustin Thierry et Walter Scott, la famille s'étend au clan, le clan à la horde des conquérants, la horde au peuple. La race de Rollon, établie au xe siècle

____

(1) Dr Paul TOPINARD. *Anthropologie générale*, Paris, 1885, p. 115.

en Normandie, la race de Guillaume qui envahit
l'Angleterre ainsi que les Normands de Siegfried
autour de Paris, et que ceux de Robert en Sicile
ont tous une parenté, un lien, une origine commune
qui est la race normande. Augustin Thierry a fait
ressortir la persistance prolongée chez les peuples
(envahis, débordés et absorbés par des hordes
conquérantes) de leur individualité, de leurs caractères moraux et passionnels, de leurs mœurs,
coutumes, religion et langue. L'exemple d'Augustin
Thierry fut suivi par son frère Amédée Thierry dans
son *Histoire des Gaulois* et plus tard dans celle des
Successeurs d'Attila ; Henri Martin suivit la même
voie.

En 1829, Williams Edwards, l'éminent natura-
raliste, se faisait l'écho du retentissement produit par
la doctrine des deux Thierry, en écrivant la lettre à
Amédée Thierry réimprimée en 1841 dans les *Mémoires de la Société ethnologique*, sous le titre suivant : *Des caractères physiologiques des races humaines dans leurs rapports avec l'histoire.* Cette
lettre n'avait d'autre but que de confirmer la doctrine
d'Augustin Thierry (1). Elle produisit une agitation
scientifique, qui a eu pour résultat la fondation de la
Société française ethnologique et restera une phase
importante dans l'histoire de la science des hommes
(De Quatrefages). Fondée en 1839, la *Société ethnologique de Paris* étendait son influence à l'étranger
en provoquant la naissance des Sociétés ethnologiques
de Londres et de New-York. Ces différentes Sociétés

______

(1) Dr Paul Topinard, *Anthropologie générale*, Paris, 1885, p. 115.

ne tardèrent pas à se fondre avec les Sociétés d'anthropologie, dont la première fut fondée à Paris, par Paul Broca, le 19 mai 1859. A Londres en 1863, à Moscou en 1866, à Madrid en 1864, à Florence en 1868, à Berlin en 1869, puis à Vienne, à Washington, à Lyon, à Bruxelles et à Bordeaux, des Sociétés d'anthropologie s'organisèrent successivement sur le modèle de celle de Paris.

L'anthropologie ou histoire des hommes comprend aujourd'hui dans son programme l'anatomie humaine et comparée, la sociologie, l'ethnographie ou l'ethnologie, l'histoire, l'archéologie préhistorique, la linguistique, la démographie, la géologie et la paléontologie et enfin la mythologie comparée. A faire revivre les races et les types primaires, Augustin Thierry poursuivait un idéal que les anthropologistes actuels semblent avoir matérialisé, mais il a été l'initiateur, il a tracé de main de maître la voie à suivre, défriché le terrain, découvert des matériaux non encore utilisés et réhabilités : les humbles, avec leur énergie de résistance à l'assimilation avec les conquérants.

*
* *

Sans doute, au cours de ces longs extraits, bien des répétitions se sont forcément produites et peut-être nous reprochera-t-on de les avoir par trop multipliés, alors qu'il aurait suffi de citer un auteur ou deux.

Nous n'avons pas pensé ainsi. L'intérêt que nous croyons pouvoir s'attacher à ces notes vient précisément, selon nous, de la vision différente que des écrivains peuvent avoir, à travers leur tempérament, du maître que fut Thierry.

Cette vision, c'est le fond de leurs articles. Qu'importe si sur des faits matériels, ne supportant pas deux interprétations, des redites ont dû se produire !

Pratiquer des coupures dans la pensée d'un autre, n'est-ce point la pire des mutilations, et sait-on jamais si la phrase que l'on supprime n'était pas précisément celle à laquelle tenait le plus son auteur ?

LES

FÊTES DU 10 NOVEMBRE

L'INAUGURATION DU BUSTE
LES DISCOURS

Après avoir longuement conté les origines et la préparation des fêtes et reproduit les plus intéressants des articles consacrés à la mémoire d'Augustin Thierry, nous voici arrivés au récit de la cérémonie proprement dite du 10 novembre.

Cherchant autant que possible à nous effacer, c'est à deux journaux de Blois, l'*Avenir* et le *Républicain de Loir-et-Cher*, que nous laisserons le soin de narrer par le menu cette journée.

Mais qu'il nous soit auparavant permis d'adresser par ces lignes le respectueux et public hommage de notre reconnaissance, à MM. Liard, Brunetière et Wallon, qui, avec une parfaite gracieuseté ont bien voulu nous adresser le texte de leurs discours, si remarquables à tous égards, et nous autoriser à reproduire dans ce volume, ces pages belles de pensée et de langue, que nos compatriotes seront heureux de trouver ici réunies.

LE

CENTENAIRE D'AUGUSTIN THIERRY

LA JOURNÉE

Sous ce temps redevenu gris, sous la pluie fine qui noie toutes choses comme elle apparaît gaie et riante, la délicieuse journée de dimanche !

Un des plus beaux matins de cet automne de si suave mélancolie s'était levé sur notre ville. La Loire, jaune et laide depuis trois jours redevenait d'azur intense entre ses îles d'or. Le ciel chargé de beaux nuages était tout pareil à ces ciels des toiles italiennes où courent des fantômes splendides casqués de lumière, joli plafond du plus joli décor de la terre tout en grâce fugitive, en sourires tôt effacés, en fusées de soleil tout à coup éteint sous une ombre passagère. Tout cela s'en est allé comme s'en vont les heures douces, celles qui savent parfumer d'un peu de joie la vie insipide ; et les dernières feuilles de nos jardins tremblant au bout des branches auront duré plus longtemps que notre plaisir envolé... (1).

Arrivés à Blois le samedi, M. et Mme Gilbert-Augustin Thierry et M. Brunetière avaient trouvé en descendant à l'Hôtel de Blois, mis par la Ville à la

(1) *Républicain de Loir-et-Cher*, 13 novembre 1895.

disposition de ses hôtes, une invitation à déjeuner pour le dimanche 10 novembre 1895, de M. Guéritte, maire de Blois.

A la descente de la gare, où il avait été reçu par MM. le Maire de Blois, le Préfet de Loir-et-Cher, Belton et Pierre Dufay, vice-président et secrétaire du Comité, M. Liard, représentant M. le Ministre de l'Instruction publique, prenait place à table à la droite de Mme Guéritte, qui avait à sa gauche M. Duréault, préfet de Loir-et-Cher, et à qui faisaient face Mme Gilbert-Augustin Thierry et Mme Gignoux. Déjeuner charmant et tout intime, échappant par cela même aux indiscrétions du reportage. Qu'il nous suffise d'en citer les convives, d'aucuns nous sauront gré plus tard, de fixer ainsi leurs souvenirs. Outre M. et Mme Guéritte et les membres de la famille, composée de M. et de Mme Gilbert-Augustin Thierry, de leur fils Augustin et de leur fille, de Mme Jacques Thierry et de son fils Amédée, de M. et de Mme Gignoux, c'étaient MM. Liard, directeur de l'Enseignement supérieur, Duréault, préfet de Loir-et-Cher, F. Brunetière, de l'Académie Française, de Rozière, sénateur, membre de l'Institut, Alleaume, adjoint au Maire de Blois, Bourgeois, représentant l'École Normale Supérieure, Belton, Jullien, député de Loir-et-Cher, Valentin, Wallon fils, Christian Guéritte et M. et Mme Pierre Dufay.

Après déjeuner, les invités de la Ville étaient reçus à la Mairie par la Municipalité et par le Comité, auxquels s'était joint le Dr Dufay, sénateur de Loir-et-Cher, empêché à son grand regret de se rendre à l'aimable invitation de M. le Maire de Blois.

A l'Hôtel de Ville, où des landaus attendaient, se formait le cortège. Mais laissons la parole à M. Henry de Cardonne, rédacteur en chef de l'*Avenir de Loir-et-Cher :*

Les landaus s'avancent et transportent au square Victor-Hugo les invités de la Ville.

La foule est grande rue Denis-Papin, plus dense encore près du square et aux alentours du jardin, coquettement paré, où s'élèvent deux estrades.

Sur l'une d'elles prennent place Mme Gilbert-Augustin Thierry, Mme Jacques-Amédée Thierry, Mlle Thierry, Mgr l'évêque de Blois et le colonel du 113e.

Sur l'autre, MM. le Maire, Liard, délégué du Ministre, Brunetière, de l'Académie Française, de Rozière, sénateur, membre de l'Institut, le Préfet de Loir-et-Cher, Mmes Guéritte, Louis Belton et Pierre Dufay.

Les hôtes et les invités se pressent autour des estrades pour ne rien perdre de ce régal littéraire.

On enlève le voile qui recouvre le buste d'Augustin Thierry.

Le buste est vraiment superbe, drapé avec ampleur, d'une couleur très nette dans ce tableau un peu sombre, dont la lumière vient d'en haut: le front puissant, l'œil profondément enfoncé sous l'arcade sourcillière, c'est bien là le penseur dans toute sa maturité, l'historien dans toute sa force intellectuelle.

Le piédestal est d'un effet très décoratif. Il se compose d'une colonnette de granit rose, haute de trois mètres, et est dressé sur un disque bas formant socle et surgissant d'une corbeille de fleurs.

La place est pavoisée de mâts à bannières et à flammes tricolores ornés au milieu de faisceaux de drapeaux.

M. Guéritte souhaite la bienvenue aux hôtes et aux invités de la Ville.

DISCOURS DE M. LIARD

Puis M. Liard, représentant de M. le Ministre de l'Instruction publique, lit le discours suivant, fréquemment applaudi : (1)

Messieurs,

Je vous apporte les regrets de M. le Ministre de l'Instruction publique. Sans les obligations d'une charge d'autant plus lourde qu'elle est plus récente, c'eût été joie pour lui de se trouver au rendez-vous qu'avait accepté son prédécesseur dans cette cité républicaine. Il a tenu du moins à vous envoyer son salut autrement que par un message, et à s'associer, par mandataire, à l'hommage rendu par vous au grand historien qui naissait, il y a cent ans, au pied de ce château, où pendant plusieurs siècles l'histoire a mêlé tant d'événements aimables ou tragiques.

Bien des questions peuvent se poser sur l'œuvre d'Augustin Thierry. A-t-il été l'historien sévère qui pousse toujours la recherche jusqu'aux sources origi-

(1) *Avenir de Loir-et-Cher*, 13 novembre 1895.

nales ? A-t-il connu et pratiqué toutes les règles de la critique historique ? Ne lui est-il pas arrivé plus d'une fois d'accepter pour réels des événements légendaires ? A-t-il été le savant impassible et impersonnel qui s'abstient d'influer sur ses idées et laisse la réalité se refléter en lui comme sur un miroir plan qui ne déforme aucune image ? N'a-t-il pas, au contraire, apporté plus d'une fois dans l'histoire des idées préconçues et cherché des démonstrations dans le récit du passé ?

Mais quelle que soit la réponse à ces questions, ce qui est certain, c'est que nous sommes en 1895 et que la première édition de la *Conquête de l'Angleterre par les Normands* est de 1825 ; c'est aussi que, pour juger les créateurs, il faut les envisager en eux-mêmes et à leur date, et ne pas retourner contre eux les progrès qu'eux-mêmes ont suscités. Or, Messieurs, Augustin Thierry a été un créateur et c'est par là qu'il vivra dans les lettres françaises.

Ce qu'à première vue on serait tenté de prendre pour des indécisions doctrinales, n'est, si l'on regarde aux dates, qu'une succession de phases intellectuelles qui le conduisent graduellement à une théorie de l'histoire au fond très nette et très ferme. Il débute à dix-neuf ans par les idées générales, disons le mot, par les utopies ; en compagnie de Saint-Simon, il rêve d'une réorganisation de l'humanité tout entière. Rien de moins historique que ces premiers écrits, où son nom se trouve associé à celui de son maître d'un jour. Mais bientôt, sa vocation native, celle qu'adolescent il avait senti sourdre en lui à la lecture des *Martyrs*, se manifeste et s'impose. Il se soustrait à la tyrannie de Saint-Simon ; des idées pures il veut passer aux faits, des conceptions théoriques aux réalités concrètes. Pourtant, l'affranchissement n'est pas complet du premier coup, et pour un temps les idées demeurent encore les directrices de son travail : « En relisant un chapitre de Hume, je fus frappé, dit-il, d'une idée qui me parut un trait de lumière : « — Tout cela date d'une conquête ; il y a une conquête là-dessous. » Sur-le-champ, je conçus le projet de refaire, en la considérant de ce nouveau point de vue, l'histoire des révolutions d'Angleterre. » A ce moment, pour lui, la thèse précède l'histoire et, la précédant, la commande ; mais il ne tarde pas à reconnaître qu'en la commandant elle la déforme et la fausse. Et alors il aperçoit et formule nettement les conditions de la réforme historique ; il voit que, pour être vraie et humaine — deux choses qui peut-être au fond n'en sont qu'une, — l'histoire doit d'abord ne s'appuyer que sur des faits réels et sur des témoignages positifs, puisque, des écritures mortes laissées par les siècles, elle doit faire renaître la vie. De là son cri de guerre : « Guerre aux écrivains sans érudition, qui n'ont pas su voir ! Guerre aux écrivains sans imagination, qui n'ont pas su peindre ! » Cela, Messieurs, est bien de lui, et cela est lui : l'érudition pour ramasser les matériaux, l'imagination pour les animer ; le travail du bénédictin pour les étudier, discuter, classer, analyser les textes ; la vision du poète pour retrouver sous ces débris ce qui fut humain, ce qui vécut, ce qui palpita, ce qui souffrit.

A-t-il, dans ses derniers ouvrages et dans le remaniement incessant de ses premiers travaux, également satisfait à ces deux conditions qu'il assignait lui-même à l'œuvre de l'historien ? Les meilleurs juges, ceux qui trouvent dans les récits de son frère Amédée plus d'exactitude que dans les siens, estiment qu'en lui le poète était supérieur à l'érudit. Sa faculté maîtresse, c'est, en effet, la vision imaginative. Entendez-le lui-même :

« A force de dévorer les longues pages in-folio, pour en extraire une phrase et quelquefois un mot entre mille, mes yeux acquirent une faculté qui m'étonna, et dont il m'est impossible de me rendre compte, celle de lire, en quelque sorte, par intuition, et de rencontrer presque immédiatement le passage qui devait m'intéresser. La force vitale semblait se porter tout entière vers un seul point. Dans l'espèce d'extase qui m'absorbait intérieurement pendant que ma main feuilletait le volume ou prenait des notes, je n'avais aucune conscience de ce qui se passait autour de moi. La table où j'étais assis se garnissait de travailleurs ; les employés de la bibliothèque ou les curieux allaient et venaient par la salle ; je n'entendais rien, je ne voyais rien, je ne voyais que les apparitions évoquées en moi par ma lecture. » Et plus tard, quand l'excès du labeur eut éteint ses yeux, dans les ténèbres, cette vision intérieure persiste et s'exalte. Entendez à ce propos un témoin de sa vie : « Chargé quelquefois par son amitié de faire pour lui quelques recherches, je n'assistais jamais sans étonnement à la vive et prompte opération par laquelle il saisissait le document original, l'embrassait, le devançait parfois et l'assimilait à son récit. Le moindre débris lui révélait un ensemble organique, qui par l'effet d'une sorte de puissance régénératrice, jaillissait complet devant son imagination. » De là, Messieurs, la forme qui est celle de tous ses ouvrages. Il ne disserte pas ; il ne discute pas : il décrit ; il raconte, et il décrit et raconte parce qu'il voit. Il es le contemporain de ses héros ; il vit de leur vie ; il entre en chacun d'eux, comme un romancier dans ses personnages ; il sait leurs caractères et leurs mœurs, leur physique et leur moral ; il les entend parler, et il rapporte leurs discours.

Entendue comme le voulait Augustin Thierry, l'histoire, Messieurs, n'est pas simplement un genre littéraire ; elle est vraiment une science.

Si, dans l'ordre des mathématiques, la tâche du savant est de discerner des rapports nécessaires entre des grandeurs abstraites, si, dans l'ordre des sciences physiques et chimiques, elle est de saisir dans les phénomènes qui passent des rapports constants de succession, dans l'ordre des choses vivantes elle est de découvrir des rapports de coordination, c'est-à-dire de comprendre des ensembles. Dans cet ordre de réalités, le vrai savant n'est pas celui qui décrit et étiquette des morceaux isolés. C'est Cuvier qui, sur la vue d'un fragment, reconstitue un être tout entier. L'histoire, Messieurs, est, de toutes les choses complexes, la plus complexe ; de toutes les choses vivantes, la plus vivante ; elle n'est pas sans les détails, mais elle n'est vraiment que par les ensembles. On n'en saurait préparer les matériaux avec trop de soin ; il y faut l'érudition la plus vaste, l'exactitude la plus rigoureuse ; mais les matériaux ne sont que les matériaux ; l'histoire vraie, c'est celle qui les

rapproche, les unit, les rend organiques et les ranime.
Et s'il doit venir un jour où une science nouvelle
pourra déterminer avec quelque précision les lois
suivant lesquelles naissent et se développent sociétés,
peuples et nations, c'est que ce jour là, après
l'immense et nécessaire labeur des érudits, les historiens, tels que les concevait Augustin Thierry, tel
qu'il s'est efforcé d'être, auront, par leurs synthèses,
donné comme base à ces inductions la restitution
des sociétés et des civilisations passées.

DISCOURS DE M. BRUNETIÈRE

A peine le délégué du Ministre a-t-il terminé que M. Brunetière, portant l'habit académique aux palmes vertes, l'épée pacifique au côté, se lève et débute.

Le regard, très-fin, très-vif, abrité derrière un lorgnon dont le cordon, par une habitude ancienne, s'enroule autour de l'oreille, les traits anguleux, fatigués, le corps maigre ne préviennent pas d'abord en faveur de M. Brunetière, mais à peine parle-t-il depuis quelques instants qu'il force l'attention, empoigne le public, le transporte, l'enthousiasme, tant il a d'énergie, de nerf, d'intensité, tant il respire la conviction et le vouloir. La voix nette, mordante, le geste un peu heurté et trop fréquent, mais plein de vie, d'action, ont une chaleur communicative et un extraordinaire relief. Longues, mais bien conduites, mieux dites encore, martelées en quelque sorte par un organe vibrant, les phrases prennent le chemin de l'oreille et s'incrustent dans la tête de force et comme par droit de conquête.

Et pendant une grande demi-heure, sans une minute de défaillance, cette volonté, cette pensée se sont imposées à l'auditoire étonné d'abord, puis subjugué, saisi, entraîné : les applaudissements éclatent nourris. Le public fait une ovation véritable à M. Brunetière (1).

(1) *Avenir de Loir-et-Cher*, 13 novembre 1895.

Messieurs,

« L'esprit souffle où il veut », dit un commun proverbe ; et en effet, ce que nous admirons le plus du talent ou du génie dans la science et dans l'art, n'est-ce pas quand on y songe, l'impuissance même où nous sommes de les faire naitre ? Mais à défaut d'une liaison constante et nécessaire, si nous ne laissons pas de pouvoir quelquefois surprendre entre les hommes et les lieux de secrètes convenances, je ne crois pas me tromper lorsque j'en trouve une entre votre ville de Blois et le grand historien dont nous célébrons aujourd'hui le Centenaire. Oui ! c'est bien ici qu'il devait voir le jour, en Touraine ; dans cette ville de Blois, — ou l'on respire l'histoire, pour ainsi parler, comme ailleurs l'éloquence ; — à l'ombre de ce château, rendu fameux par tant de tragiques ou d'aimables souvenirs ; sur les bords de ce fleuve de Loire, qui mêle dans l'ampleur de son cours tant de grâce et de force à la fois ; dans cet air privilégié, dont la douceur a fait de votre accent la règle du parler de France. Soyez donc fiers d'Augustin Thierry, si, de tant d'historiens ses émules, n'étant pas lui-même le moins grand ni le moins populaire, nul plus que lui n'est demeuré le fils reconnaissant de sa ville natale ! Soyez-en fiers encore, si le seul reproche un peu grave que l'on ait jamais pu lui faire, c'est d'avoir en histoire toujours pris le parti des vaincus ! Mais soyez-en plus fiers, si cette pitié dont il ne savait pas se défendre pour les victimes des causes perdues, ne l'a cependant jamais empêché, quoi qu'on en ait pu dire, d'être, quand il l'a fallu le juge aussi de ses cliens ! Son œuvre entière est comme animée du combat de sa justice contre son émotion ; et, à force d'empire sur lui-même et d'effort vers la vérité, le plus passionné peut-être de nos grands historiens en est devenu le plus impartial. Je ne craindrai pas d'ajouter que le plus « pittoresque » ou le plus « artiste » en a été le plus philosophe ; et, si l'antiquité même, si le conteur bavard et exquis des guerres médiques ne nous a rien légué de plus naïvement coloré que les *Récits des Temps mérovingiens,* ou l'annaliste Romain rien de plus énergique en sa concision que l'*Histoire de Jacques Bonhomme,* je ne vois pas que personne, depuis quatre-vingts ans, ait répandu sur la philosophie de l'histoire plus d'idées ni de plus neuves qu'Augustin Thierry.

C'est ce qu'il m'a paru, Messieurs, que l'occasion de son Centenaire me faisait un devoir d'essayer de vous montrer, ou plutôt de vous rappeler. Et, ainsi qu'il convient en ce genre de commémoration, je m'efforcerai d'être bref ; mais si vous me trouviez cependant un peu long, vous songerez qu'il m'arrive de représenter aujourd'hui, par une rencontre qui est pour moi comme un quadruple honneur, l'Académie Française, dont vous savez assez pour quelles raisons il n'a point fait partie ; l'Ecole Normale supérieure, dont il fut l'une des « gloires » ; un recueil qui s'honore de l'avoir compté parmi ses premiers et plus brillans collaborateurs ; et enfin — puisque c'est le fils de son frère qui m'a demandé le premier de prendre la parole — sa famille ou un peu de sa famille elle-même.

Je ne vous raconterai point sa naissance modeste, sa jeunesse obscure, ses laborieux débuts... Mais si nos vrais maîtres sont ceux qui nous éclairent sur nos vraies aptitudes, comment me dispenserais-je de vous rappeler l'influence qu'exercèrent sur Augustin Thierry deux hommes entre tous : le poète inspiré d'*Atala*, de *René*, des *Martyrs* ; et le grand romancier d'*Ivanhoe*, de *Rob Roy*, des *Puritains d'Ecosse ?* On s'est donné de nos jours des airs de les dédaigner ! Mais on n'a point diminué, ni seulement entamé leur gloire, et il est possible que l'on ne les lise plus, mais il est certain qu'on a tort. « Pharamond ! Pharamond ! nous avons combattu avec l'épée !... » Vous connaissez, Messieurs, cette page célèbre ! Elle a éveillé l'historien qui sommeillait dans l'élève du Collège de Blois ; et de là, de cette seule page, pourrait-on dire, nous est venu tout ce qu'en histoire, comme au théâtre, comme dans le roman, comme dans les arts plastiques et ailleurs, nous avons depuis lors nommé du nom de *couleur locale*. Je doute qu'il y ait eu de nos jours, en France ou hors de France, une influence littéraire plus considérable que celle de Chateaubriand ; et l'ayant subie comme tout le monde en son temps, l'auteur des *Récits mérovingiens* a eu du moins la franchise et le bon goût d'en convenir. Mais, pour Walter Scott, c'est encore lui qui nous l'a dit : « Il y a plus de véritable *histoire* dans ses romans sur l'Ecosse et sur l'Angleterre que dans les compilations philosophiquement fausses qui sont encore en possession de ce grand nom » ; et, en effet, il lui devait sinon l'origine, du moins la confirmation de l'idée sur laquelle vous savez qu'il a fondé son *His-*

toire de la Conquête de l'Angleterre par les Normands. Ceux-là seuls renient leurs maîtres qui désespèrent de les égaler !

Une autre influence n'a pas moins agi sur notre historien : c'est celle de Saint-Simon — non pas le duc, mais le comte, on pourrait s'y tromper, — dans la fatrasserie duquel, *quum flueret lutulentus,* tant de grandes idées, d'idées singulières, mais d'idées fécondes se mêlaient à l'expression d'un rêve sociologique informe. Deux ans durant, Augustin Thierry lui servit de secrétaire ou, pour mieux dire, de collaborateur ; il se déclara publiquement son disciple ; et il y a des pages du futur auteur de l'histoire du tiers-état dans les opuscules qui portent les titres caractéristiques de *Mesures à prendre contre la coalition de 1815* et de la *Réorganisation de la société européenne.* Ce n'est pas ici le lieu de juger Saint-Simon, et ce le serait que je devrais me récuser comme n'ayant pas suffisamment étudié son œuvre. Mais je la connais cependant assez pour être sûr qu'Augustin Thierry n'a pas vécu deux ans dans la familiarité d'un tel homme sans apprendre de lui quelque chose ; et pourquoi ne lui devrait-il pas une part de sa conception de l'histoire ?

« L'histoire de France, telle que nous l'ont faite les écrivains modernes, — écrivait-il en 1820, — n'est point la vraie histoire du pays, l'histoire nationale, l'histoire populaire.... La meilleure partie de nos annales, la plus grave, la plus instructive, reste à écrire ; il nous manque l'histoire des citoyens, l'histoire du peuple... Cette histoire nous présenterait en même temps des exemples de conduite et cet intérêt de sympathie que nous cherchons vainement dans les aventures de ce petit nombre de personnages privilégiés qui occupent seuls la scène historique... Nos âmes s'attacheraient à la destinée des masses d'hommes qui ont vécu et senti comme nous... Le progrès des masses populaires vers la liberté et le bien-être nous semblerait plus imposant que la marche des faiseurs de conquêtes, et leurs misères plus touchantes que celles des rois dépossédés ».

Il y a bien, Messieurs, quelque exagération dans cette page, de l'âpreté, de l'amertume ; et on la sent contemporaine des terribles pamphlets d'un autre Tourangeau, le « vigneron de la Chavonnière ». Mais elle contient une idée généreuse et juste, une idée toute nouvelle en 1820, qui est celle du droit des peuples ou des « collectivités » à avoir une histoire ; et c'est ainsi qu'Augustin Thierry doit peut-être à son éducation saint-simonienne d'avoir été non seulement le plus « démocratique » de nos grands historiens, mais le plus « socialiste »... Je me sers tout exprès de ce mot, qu'il serait temps enfin d'enlever à ceux qui en abusent, qui en corrompent quotidiennement le sens et qui ne savent lui faire signifier que haine et misérable envie, quand au contraire on ne l'a justement créé que pour être l'antithèse d'individualisme et synonyme de solidarité.

Socialiste ou démocratique, de quelque nom qu'on l'appelle, c'est vraiment cette idée qui circule dans l'œuvre entière d'Augustin Thierry. Il a voulu être l'historien des foules. Et, pour l'être, il a voulu joindre, unir et confondre ensemble deux choses que l'on sépare trop souvent.

« La passion politique, — a-t-il écrit dans ses *Considérations sur l'Histoire de France*, qui sont l'ouvrage de sa maturité, — la passion politique peut devenir un aiguillon puissant pour l'esprit de recherches et de découvertes ; si elle ferme sur de certains points l'intelligence, elle l'ouvre et l'excite sur d'autres ; elle suggère des aperçus, des divinations, parfois même des élans de génie auxquels l'étude désintéressée et le pur zèle de la vérité ne l'auraient pas conduite. »

Il a raison, Messieurs, cent fois raison ! Ce n'est pas de sa propre lumière, c'est de celle du présent que le passé s'éclaire ! Pour devenir comme on l'a quelquefois et à bon droit nommé, « le siècle de l'histoire », il a fallu que notre siècle eût commencé par être « le siècle de la Révolution ! » Avant les Guizot, les Michelet, les Thierry, si la France n'a pas eu de grands historiens, c'est que nos vieux érudits avaient manqué de « l'intelligence et du sentiment des grandes transformations sociales ». L'observation est de Thierry lui-même. Mais combien n'est-elle pas plus vraie, quand, à la « passion politique », c'est-à-dire à la préoccupation du présent, on allie, comme lui, l'inquiétude et le souci de l'avenir ! quand, en même temps que l'on cherche, jusque dans l'histoire des invasions germaniques « la racine de quelques-uns des maux dont souffrent nos sociétés modernes » on y porte, — c'est toujours lui qui parle, — « l'amour des hommes comme hommes, abstraction faite de leur renommée ou de leur situation sociale ! » et quand enfin, Messieurs, en faisant œuvre d'historien ou de philosophe, on aspire à faire œuvre aussi de citoyen ? Ce fut l'ambition d'Augustin Thierry ; et bien loin que cette préoccupation d'emprunter des armes de combat à l'histoire ou de faire servir à la construction de l'avenir les matériaux du passé, l'ait empêché d'y voir clair, ait offusqué la lucidité de son regard ou gêné la liberté de sa critique, précisément, s'il y a deux ou trois idées d'historien dont son nom demeure inséparable, c'est à la lueur et comme dans la fièvre de cette préoccupation même qu'il les a découvertes.

Telle est, en premier lieu, l'idée si simple, à ce qu'il semble, de la diversité successive des époques, et des lents changemens que le temps, lui tout seul, opère dans la physionomie des hommes et des peuples. Elle est bien simple, je le répète, si simple même qu'à peine en oserait-on faire un mérite à l'historien. Lequel de nous est aujourd'hui ce qu'il était hier ? Nous n'avons pas besoin non plus de longues observations, ni de beaucoup réfléchir, pour nous apercevoir en combien de manières nous ne ressemblons pas aux Français du xviiie, du xviie, du xvie siècle. On voyageait alors en patache..... on portait des culottes..... on mangeait du pain d'orge. Et cependant, Messieurs, ces différences qui sautent aux yeux, je n'affirmerai pas, si vous le voulez, qu'on ne les ai senties que de notre temps, mais elles ne sont toutefois entrées dans l'habitude de l'histoire, et pour n'en plus désormais sortir, que par l'intermédiaire d'Augustin Thierry. Sous l'uniformité mensongère et le vernis de fausse élégance dont on avait recouvert douze ou quinze siècles de nos traditions, retrouver la vraie couleur des temps, caractériser les époques, leur rendre à chacune sa vraie physionomie, faire ainsi de la chronologie, — qui n'en avait été jusqu'alors que le support, — l'âme, et en un certain sens presque le « tout » de l'histoire, telle fut la tâche que se donna d'abord l'auteur des *Lettres sur l'Histoire de France* ; et si nous n'avons garde aujourd'hui de confondre la cour de Louis XIV avec celle du roi Dagobert, c'est à lui que nous le devons.

N'a-t-il pas, d'ailleurs, exagéré cette diversité ? Contemporain des romantiques, et, je le crains, un peu romantique lui-même, n'est-il pas allé trop loin quand, par exemple, aux noms consacrés des Clovis et des Mérovée, il a voulu substituer les appellations évidemment plus « germaniques » de Merowig et de Clodowig ? C'est ce qu'il faut bien croire, puisque nous avons continué de dire Clovis et Mérovée ! Et si, peut-être, après tout, une francisque n'est qu'une hache de guerre, et un « skramasax » qu'un poignard, nous dirons donc que l'auteur des *Récits mérovingiens* est responsable à sa manière des débauches de couleur locale auxquelles s'est livrée la littérature du XIXe siècle. Heureusement pour nous, et pour lui, qu'il ne s'en est pas tenu là ! Nul n'a mieux connu l'importance du costume et n'en a tiré plus habilement parti ; mais quelque différens que nous soyons d'un bourgeois du XVIIe ou d'un paysan du XVIIIe siècle, Augustin Thierry s'est promptement rendu compte que la différence n'était qu'extérieure ou superficielle, et bien moins considérable en tout cas que celle qui nous sépare aujourd'hui même encore d'un Italien, d'un Anglais, d'un Allemand..... Ainsi conduit à se demander d'où pouvait procéder cette différence plus profonde, la question de chronologie s'est transformée pour lui en une question de physiologie ; la question de date en une question d'origine et de sang ; la race lui est apparue comme la raison dernière de la différence des époques ; et cette idée de génie est la seconde que nous lui devions.

Vous rappelerai-je ici la fortune qu'elle a faite ; de quel flot de lumière elle a brusquement illuminé le chaos des anciennes histoires ; et les conséquences de toute nature que notre historien lui-même en a tirées ? Ouvrez et relisez les *Récits des Temps mérovingiens* : ce qui en fait à la fois l'intérêt scientifique et la valeur d'art, ai-je besoin de vous le dire ? C'est la perspicacité singulière avec laquelle l'historien y a démêlé, c'est la vigueur de relief et la justesse de coloris avec lesquelles le peintre y a représenté l'antagonisme des deux races que le torrent des invasions germaniques avait comme superposées l'une à l'autre sur notre sol gaulois. Aimez-vous mieux relire l'*Histoire de la Conquête de l'Angleterre par les Normands* ? « Je me propose de montrer dans ce livre, écrit l'historien, les relations hostiles de deux peuples violemment réunis sur le même sol, de les suivre dans leurs longues guerres et leur séparation obstinée jusqu'à ce que du mélange et du rapport de leurs races..... il se soit formé une seule nation. » Même dessein vous le voyez, — l'un des plus complexes qu'historien eût encore formés, — et dont l'exécution magistrale donne au chef-d'œuvre d'Augustin Thierry quelque chose de l'air et de l'allure d'une épopée. Nous ne nous en étonnerons pas, et, au contraire, nous y trouverons la confirmation inattendue des théories de la critique moderne, si nous prenons garde qu'en aucun temps, dans aucune langue, l'épopée n'a jamais jailli, si l'on peut ainsi dire, que de la rencontre et du choc sanglant de deux nationalités. Mais, dans son *Essai sur l'histoire de la formation et des progrès du Tiers-État,* que trouvons-nous encore, si ce n'est que l'histoire de la société gallo-romaine défendant ses arts et ses mœurs contre ses conquérans germains ; leur disputant, leur reprenant l'un après l'autre les biens qu'ils lui avaient ravis ; et dans la première ardeur d'une grande révolution, revendiquant pour s'en armer à son tour contre eux cette diversité d'origine dont on avait fait pendant douze cents ans le titre, la justification et l'instrument de sa servitude. L'œuvre d'Augustin Thierry est comme pénétrée de l'idée de race, et trente ans durant, son effort scientifique n'a tendu qu'à faire de la race la grande ou la principale ouvrière des transformations de l'histoire.

A la vérité, si l'importance et la nouveauté de l'idée n'ont pas besoin d'être démontrées, la justesse en est plus contestable et l'application historique en exige infiniment de tact, de prudence et de générosité. Car, où commence, où finit la race ? et, tandis que pour l'historien nous en formons deux avec les Germains, qui ne sait que pour le linguiste, Germains et Gaulois, Grecs et Romains, Celtes et Slaves, nous n'en formons qu'une ? et tous ensemble, avec le Juif ou l'Arabe, une seule et même pour l'anthropologiste ? A un autre point de vue, qui ne sent, qui ne sait le danger qu'il y aurait à diviser l'humanité en races supérieures et en races inférieures, à chercher la raison de la supériorité des unes, de l'infériorité des autres, dans la fatalité de leurs aptitudes originelles ? à entretenir ainsi parmi les hommes des haines inexpiables, des haines de sang, des haines animales ? Que vous

dirai-je encore ? que si jamais la théorie triomphait,
d'intrépides logiciens en déduiraient bientôt la justification du régime des castes ? qu'elle engendre en
morale la basse religion du succès ? qu'elle autorise
en politique non seulement l'oppression, mais la suppression du plus faible ? Messieurs, je n'en finirais
pas si je voulais énumérer tout ce que peut engendrer
de conséquences monstrueuses une maladroite interprétation de la théorie des races ; et c'est pourquoi je
m'empresse d'ajouter qu'après l'avoir appliquée le
premier, nul n'en a mieux su qu'Augustin Thierry
éviter les dangers.

Il avait, je vous l'ai dit, l'âme ardente et naturelle-
ment pitoyable aux opprimés, et c'était une raison
pour le détourner de croire légèrement à la supériorité des vainqueurs. Il n'est même pas habituellement
éloigné de penser que les vaincus peuvent représenter
et ont souvent représenté, non seulement la cause de
la justice et du droit, mais la cause encore de la
civilisation. Mais ce qu'il a surtout bien vu, c'est
que, d'une manière générale, si l'action de la race
était prépondérante, pour ne pas dire toute puissante, à l'origine des civilisations, l'objet propre de la
civilisation était de réduire ou d'annuler l'influence de
la race. De même en effet que, pour chacun de nous, le
progrès consiste à se dégager des servitudes physiologiques dont nous sommes en naissant les esclaves,
de même il a bien vu que la civilisation consistait
pour les peuples à s'affranchir en avançant en âge de
leurs instincts originels. Il a reconnu que, dès le
vi° siècle de notre ère, « le caractère original de la
période mérovingienne consistait dans un antago-

nisme de races non plus complet, saillant et heurté, mais adouci déjà par une foule d'imitations réciproques nées de l'habitation sur le même sol. » Il s'est rendu compte que dès le xiii° siècle, c'est-à-dire cent cinquante ou deux cents ans après l'invasion normande, il n'y avait plus de Saxons ni de Normands en Angleterre, mais des Anglais seulement. C'est comme s'il eût déclaré qu'à dater d'une certaine époque de l'histoire, le mot même de « race » devait changer de sens ; perdre ce qu'il avait de signification physiologique ; ne plus rien vouloir dire que d'historique ou de purement humain. Et de peur que l'on ne se méprît sur sa vraie pensée, c'est ce qu'il a dit en propres termes dans le dernier de ses ouvrages quand il a prétendu montrer dans « l'élévation continue du tiers-état » ce qu'il a lui-même nommé « le fait dominant et comme la loi de notre histoire nationale. » Puisqu'il existe une race française et qu'elle n'a pas toujours existé, elle s'est donc faite elle-même ; et elle est l'œuvre de sa volonté, la créature de son effort, l'enfant de sa persévérance et de sa liberté.

Et en effet, Messieurs, quel a été le rôle du tiers-état dans notre histoire, sinon d'effacer ou d'abolir jusqu'aux dernières traces d'antagonisme ou d'opposition entre les différentes races qui ont peuplé notre sol de France ; de n'en former qu'une même nation ; et d'établir pour ainsi parler, sur les ruines de ce qu'on appelle aujourd'hui « le régionalisme », l'unité de la patrie commune ? Tel est le sens et la portée de cette Révolution, dont il est élégant de médire ; — et dont je n'ignore assurément pas de quel prix nous avons payé les bienfaits ! Mais nous eût-elle coûté

plus cher encore, elle n'en serait pas moins l'aboutis-
sement nécessaire de plus de mille ans d'histoire, et
il faudrait prendre garde, en la reniant aujourd'hui,
qu'en vérité nous renierions toute notre tradition
nationale. Oui, ce que la Révolution a réalisé, c'est
bien ce que nos pères ont voulu : centralisation administrative, afin qu'émancipé des tyrannies locales
chacun de nous ne fût sujet que de la loi ; égalité civile, pour qu'il ne subsistât entre nous d'autre différence ou d'autre distinction que celle de nos œuvres ;
indivisibilité du territoire, afin que la France pût
achever de remplir son rôle historique ; unité sociale,
pour que, chacun de nous, — dans la paix et dans la
guerre, dans le malheur et dans la prospérité, dans la
gloire et dans l'humiliation, dans la détresse et dans
l'espoir, — se sentît solidaire de tous ceux qui sont nés
sur le même sol que lui. Et si d'autres l'ont vu comme
Augustin Thierry, c'est ce que personne, à ma connaissance, n'a montré plus clairement ni plus éloquem-
ment que l'historien du tiers-état.

Insisterai-je après cela, sur l'étroite liaison des vues
ou des idées de l'historien avec celles du publiciste ou
du politique, je dirais presque du sociologue, du collaborateur de Saint-Simon, du rédacteur du *Courrier
Français* et du *Censeur Européen ?* Je n'aurais
qu'à feuilleter ses *Lettres sur l'Histoire de France*,
ou le recueil qu'il a intitulé : *Dix ans d'Études
historiques ;* et, dans la polémique passionnée du
journaliste de 1820, vous reconnaîtriez aussitôt,
sous une forme plus âpre, l'idée maîtresse de
l'*Essai sur la formation et les progrès du Tiers-
Etat* ou de l'*Histoire de la Conquéte de l'Angleterre*

par les Normands. Mais à quoi bon renouveler ou ranimer d'anciennes querelles, dont on en ferait trop aisément « d'actuelles » ? et puisque aussi bien les idées historiques d'Augustin Thierry, pour entrer dans l'histoire, ont dû commencer par dépouiller le caractère d'exagération qu'elles tenaient de leur origine politique, n'en ai-je pas assez ou trop dit, peut-être ? J'aime donc mieux, pour terminer, vous parler de l'artiste, et s'il est vrai que l'art seul demeure, j'aime mieux placer la fortune de ses idées historiques elles-mêmes sous la protection de son talent de peintre, de conteur et de poète.

On veut faire aujourd'hui de l'histoire une science, — c'est le grand mot, — et, comme au savant, on ne demande donc à l'historien que d'établir des « faits », entre lesquels même on le dispense d'essayer de saisir aucune espèce de liaison ou d'enchaînement. Que dis-je ? on le lui interdit ! et le plus cruel reproche que nous voyons qu'on lui adresse c'est celui d'avoir des idées. Importunes à ceux qui en ont d'autres, les idées sont toujours suspectes à ceux qui n'en ont pas ! On exige encore de lui qu'il se désintéresse de ses personnages, et, sous le nom d'impartialité, qu'il nous parle de Louis XIV ou de la Révolution française avec autant de sang-froid, ou plutôt d'indifférence, je ne dis pas que de Nabuchodonosor ou de Sésostris, mais de l'ours des cavernes ou des poissons ganoïdes. Et, au fait, est-ce que le naturaliste se fâche, est-ce qu'il s'indigne contre l'animal qu'il décrit ? Il ne s'attendrit pas non plus quand il nous conte leurs mœurs, et nous le trouverions ridicule de s'apitoyer sur la destinée des victimes de la lutte pour la vie. Ainsi, dit-on, procédera l'historien. Et alors, et enfin, pour le récompenser de sa docilité, ce qu'on lui défendra plus expressément encore que tout le reste, ce sera de recourir au prestige trompeur de l'art ; il ne s'avisera pas d'écrire pour tout le monde, mais seulement pour quelques initiés ; et quand « le divorce sera devenu complet entre le travail de collection des documens et la faculté de les comprendre ou d'en exprimer le sens intime, » c'est alors qu'étant devenue tout à fait une science, l'histoire devenue tout à fait illisible, sera devenue tout à fait de l'histoire.

Telle n'était pas, Messieurs, l'opinion d'Augustin Thierry : il pensait d'une manière plus large ; il sentait d'une manière plus vive ; il estimait que « la recherche et la discussion des faits, sans autre dessein que l'exactitude, n'ont jamais été, selon sa propre expression, qu' « une des faces du problème historique », et je ne veux pas dire la moindre, mais en tous cas la moins intéressante. Ce qu'il savait également, c'est que l'érudition n'est pas son objet, son but ou sa fin à elle-même ; qu'il en faut prendre et qu'il en faut laisser ; que son triomphe serait de se rendre inutile, puisque assurément, Messieurs, je vous demande pardon pour ma naïveté, mais si nous connaissions l'entière vérité des faits, il m'a toujours paru qu'alors nous n'aurions plus besoin de la chercher. Et ce n'était pas qu'il méconnût le pouvoir ou le prix de l'érudition. Il a rendu justice à nos Bénédictins. Il a lui-même rivalisé de patience et de conscience avec eux. Après avoir fondé son *Histoire de la Conquête de l'Angleterre* sur l'enquête la plus étendue, la plus longue, la plus scrupuleuse, vous vous rappelez tous, pour l'avoir entendu vingt fois raconter, que, jusqu'à son dernier jour, cet aveugle et ce paralytique n'a pas cessé de reprendre, de revoir, de corriger, de compléter, de remanier, de remettre sur le métier son principal ouvrage. L'*Histoire de la Conquête* avait paru pour la première fois en 1825, et trente ans plus tard, en 1856, la mort le surprenait au milieu d'une quatrième ou cinquième révision de son œuvre. De combien d'érudits en pourrais-je dire autant ! Mais, de plus qu'eux, ou contre eux — contre quelques-uns d'entre eux, — ce qu'Augustin Thierry a toujours cru, c'est que « toute composition historique était un travail d'art autant que d'érudition » ; et je le crois, et je crois qu'il faut le croire comme lui si nous ne voulons pas qu'avec l'art ce soit non seulement le charme ou l'intérêt, mais la vie même qui se retire un jour de l'histoire. « Nous ne voulons servir la vie, a dit un philosophe, qu'autant qu'elle-même l'histoire servira la vie. »

C'est justement « pour servir la vie », et non pas du tout par fantaisie de dilettante amoureux du costume qu'Augustin Thierry s'est rendu le contemporain des temps dont il voulait écrire l'histoire. Où tant d'autres n'ont vu depuis lui qu'un prétexte à décor, c'est l'accent même de la vie qu'il s'est proposé de ressaisir, l'empreinte et comme l'air de personnalité qu'un vêtement ou un ustensile conserve de son possesseur. Il a vécu, vraiment vécu les romans et les drames, — la tragique aventure de la reine Galeswinthe, le chaste roman de sainte Radegonde et du poète Fortunat, — dont les anciens chroniqueurs qui

lui servaient de guides, s'ils en avaient éprouvé toute
l'horreur ou goûté peut-être le charme, n'avaient pas
su pourtant nous les communiquer. Il a vu, de ses
yeux vu, qu'on pourrait dire qu'il a usés dans
l'intensité de cette contemplation, se dresser devant
lui la figure entière de ses personnages,

..... les uns chantant sur la harpe celtique l'éternelle
attente du retour d'Arthur ; les autres naviguant dans la
tempête avec aussi peu de souci d'eux-mêmes que le cygne
qui se joue sur un lac ; d'autres, dans l'ivresse de la victoire,
amoncelant les dépouilles des vaincus, mesurant la terre au
cordeau pour en faire le partage ; comptant et recomptant par
tête les familles comme le bétail ; d'autres enfin privés par
une seule défaite de tout ce qui fait que la vie vaut quelque
chose, se résignant à voir l'étranger assis en maître à leur
propre foyer, ou, frénétiques de désespoir, courant à la forêt
pour y vivre, comme vivent les loups, de rapine, de meurtre
et d'indépendance.

On ne saurait sans doute mieux montrer que dans
cette belle page souvent citée, ce que l'art en histoire
a de relations avec la vie ; et le montrer par son
propre exemple. Cinquante ans ont passé sur elle,
mais l'émotion en a encore quelque chose de commu-
nicatif ou de contagieux même. L'homme s'y laisse
voir, tel qu'il était, sensible et comme ouvert à
toutes les impressions. Il a peut-être partagé le brutal
enthousiasme des vainqueurs, mais il a certainement
éprouvé « toutes les misères nationales, toutes les
souffrances individuelles et jusqu'aux simples avanies
des vaincus ». Cela se sent dans le souvenir ému
qu'il en garde, treize ans après la publication de son
livre. S'il l'a vécu avant de l'écrire, il le revit en le

relisant. Et parce qu'on n'a pas trouvé de meilleur ni d'autre moyen d'émouvoir les hommes que d'être ému soi-même, c'est pour cela, Messieurs, que dans l'œuvre d'Augustin Thierry nous ne saurions, nous, séparer l'historien du peintre et du poète.

Et nous ne le séparerons pas non plus du philosophe ou du penseur, si l'un de ses mérites encore, l'une des plus rares parties de son talent est d'avoir su nous faire voir, sous la différence pittoresque des mœurs ou en s'aidant de cette différence même, ce qu'il y a toujours d'éternelle humanité dans l'âme, — plus subtile et plus compliquée qu'on ne la croit — d'un baron féodal ou d'une reine barbare. « Au milieu du monde qui n'est plus, a-t-il dit lui-même de Walter Scott, son instinct d'artiste l'a averti de placer le monde qui est et qui sera toujours » ; et c'est ce qu'il a fait, avec autant ou plus d'art que le grand romancier. Aussi nous retrouvons-nous dans ses narrations les plus « anglo-saxonnes », dans ses récits les plus « mérovingiens ». Vivans de la vie de leur siècle, sa Frédégonde ou son Thomas Becket vivent de la vie aussi de tous les temps ; et, Messieurs, n'est-ce pas comme si je disais que la finesse de sa psychologie égale dans son œuvre l'éclat plus apparent de son coloris ? On y apprend l'histoire ; mais on y avance presque du même pas dans la connaissance de l'homme ; vous ne l'ignorez pas, c'est, ici, de tous les caractères qui distinguent les œuvres qu'on appelle « classiques », le plus rare et le plus éminent...

C'est ce qui assure l'immortalité de son nom. Car, enfin, le politique peut bien demander à l'histoire des enseignemens ou des leçons, et plus souvent des argumens ; le moraliste y trouve des exemples ; l'artiste y puise des inspirations ; et le simple lecteur, les enfans et les femmes, y goûtent un plaisir analogue à celui que leur procurent le drame ou le roman. Mais, tous ensemble, que nous le sachions ou non, si nous l'aimons, et, de quelque façon qu'elle soit écrite, si nous la lisons, c'est que nous nous y sentons vivre d'une autre vie que la nôtre, moins étroite, qui n'est pas limitée à la durée de notre existence, moins personnelle, plus largement humaine ; c'est qu'étant pour nous-mêmes une indéchiffrable énigme, nous sommes avides de révélations qui nous aident à l'épeler ; c'est que nous nous doutons que l'histoire du plus lointain passé renferme quelque chose du secret de notre destinée, je veux dire de la destinée de l'espèce. Et pour en approcher, de ce secret qui nous fuit toujours, mais dont la fuite éternelle fait l'invincible attrait, tous ceux qui ont cru comme Augustin Thierry, que si le cœur fait les grands orateurs — *pectus est quod disertos facit* — il fait également les grands historiens, nous leur devons un pieux et reconnaissant hommage. Il se pourrait, quand on y pense, qu'un peu de cœur fît aussi les grands, les vrais, les seuls vrais et les seuls grands savans.

M. Brunetière a peint, en traits saisissants, le *grand historien* et le *grand artiste* que fut Augustin Thierry, son amour de la justice, son ardente imagination, son âme généreuse, pitoyable aux opprimés, aux vaincus, la hardiesse et la couleur de son œuvre qui a ouvert à l'art comme à l'histoire des voies nouvelles. Précurseur, Augustin Thierry le fut sans conteste, et M. Brunetière lui a élevé un monument qui lui assure des titres à la reconnaissante sympathie de la ville de Blois (1).

DISCOURS DE M. WALLON

M. Wallon, Secrétaire Perpétuel de l'Académie des Inscriptions et Belles-Lettres, ayant été au dernier moment empêché par une bronchite de se rendre à Blois, où il devait représenter cette Académie, M. de Rozière, notre compatriote à tant d'égards et son collègue au Sénat et aux Inscriptions, a bien voulu se charger de lire ce beau discours, qu'avait écrit M. Wallon et dont son fils lui avait, le matin même apporté le texte :

Messieurs,

C'est comme membre de l'Académie des Inscriptions et Belles-Lettres qu'Augustin Thierry a fait partie de l'Institut, et il a laissé parmi nous un trop grand nom pour que son éloge soit resté à faire au secrétaire perpétuel qui représente aujourd'hui l'Académie à cette solennité. Dès 1861, mon vénéré prédécesseur et cher maître, M. Guigniaut, lui avait rendu un public hommage au nom de notre Compagnie ; et qui était mieux désigné pour cela que son camarade de promotion à l'Ecole normale et son

(1) *Avenir de Loir-et-Cher,* 13 novembre 1895.

constant ami ? Il a rappelé comment c'est au Collège
de cette ville de Blois où il est né qu'il a senti s'éveil-
ler en lui les premières aspirations de son génie historique : non dans l'étude des manuels, il n'y en
avait guère alors, mais sous un souffle tout poétique,
à la lecture des *Martyrs* de Chateaubriand. Ce n'est
pas qu'il ait conçu l'histoire comme une œuvre d'imagination ; mais il semble qu'il ait eu, dès lors, l'instinct
que, pour reproduire le passé dans toute sa vérité, ce
qui est le devoir de l'historien, il faut savoir lui
rendre la vie ; et c'est cette vérité vivante qu'il devait,
par une merveilleuse évocation, faire sortir des récits
de nos chroniqueurs comme des chartes de nos communes.

Mais ce n'est pas ainsi qu'il débuta, et quand, en
1811, il entra à l'Ecole normale, il n'y apportait pas
un tel programme. Il n'avait pas même la pensée de
professer l'histoire, qu'on enseignait d'ailleurs très
peu dans les collèges. Il se forma aux études littéraires dans le commerce des immortels génies de
l'antiquité et de nos grands écrivains ; et quand il
sortit de l'Ecole, ce fut pour être régent de cinquième
au collège de Compiègne. Il ne devait pas y rester
longtemps. On était en 1813. L'Empire avait reçu le
coup fatal. Il s'écroulait ; il ne se releva que pour
tomber d'une chute plus lourde. Augustin Thierry
avait été profondément remué par ces événements. Il
se sentait entraîné par l'esprit qui animait alors la
jeunesse : haine du despotisme militaire, aspiration à
la liberté, et il comprenait dans la même aversion le
régime impérial, les tyrannies révolutionnaires et
toute restauration de l'ancien régime. Revenu à Paris

il se tourna donc vers la littérature militante. La Charte était d'importation anglaise ; qu'était-ce que le régime constitutionnel des Anglais ? Il en chercha l'explication dans l'histoire de Hume, et s'écria : *Tout cela sort d'une conquête ; il y a une conquête là-dessous.* Et ce fut l'occasion d'un article sur les *Révolutions d'Angleterre* qui marqua ses débuts dans le *Censeur européen.*

Lui-même, dans la préface d'un recueil de morceaux qu'il publia plus tard sous le titre de *Dix ans d'Etudes historiques,* nous a fait, de cette période fiévreusement active de sa vie, un tableau qu'il serait téméraire de vouloir refaire après lui. J'insiste seulement sur ce premier essai : il contient en germe bien des choses. D'abord l'*Histoire de la conquête de l'Angleterre par les Normands,* conquête qui a eu sa réaction : le peuple subjugué s'est relevé dans les Communes. Mais la France aussi a été conquise par les Germains, elle a eu ses communes : communes dont la création a été rapportée aux rois, et dont la royauté s'est bien servie, mais qui sont nées plutôt de la réaction des populations, jadis conquises, contre la féodalité, issue de la conquête. Voilà une autre thèse, connexe à la première, et qui se développera dans les *Lettres sur l'Histoire de France* et dans l'*Essai sur l'histoire de la formation et des progrès du tiers-état.*

Le *Censeur européen* ayant succombé sous les coups de la censure, ce fut dans le *Courrier français* qu'Augustin Thierry fit paraître sa première lettre sur l'Histoire de France, lettre-*manifeste :* avant de produire un système nouveau, il éprouvait le besoin de dire combien la façon d'écrire notre histoire jusqu'alors était fausse (ni les *Essais sur l'Histoire de France* de M. Guizot, ni l'*Histoire des Français* de Sismondi n'avaient encore paru). Il ne donna d'ailleurs au *Courrier français* que dix lettres. Ces lettres qui eurent, au début un succès éclatant par la hardiesse des vues et la vivacité de la polémique, avaient, nous dit-il lui-même, à mesure qu'il entrait dans une discussion plus érudite, perdu de leur intérêt pour les habitués du journal. C'était bon, disaient-ils, pour le *Journal des Savants*. L'administration du *Courrier* lui demanda donc s'il ne pouvait varier un peu sa matière. Il y renonça, et se donna tout entier aux études préparatoires de son *Histoire de la Conquête* (1821).

Elle parut en 1825 et le succès dépassa tout ce qu'il avait osé en espérer. C'était une périlleuse entreprise, après avoir tant critiqué les autres, que de produire une histoire en manière d'épopée, comme il le dit, sous la double influence de Chateaubriand dans les *Martyrs* et de Walter Scott dans *Ivanhoë*, Walter Scott qu'il proclamait « le plus grand maître qu'il y ait jamais eu en fait de divination historique ». Il fallait un œil bien assuré et une main bien ferme, pour côtoyer ainsi l'épopée et le roman sans dévier du courant de l'histoire. Il le sut faire. Il séduisit les gens du monde et conquit les suffrages des érudits. Après deux éditions successives de ses *Lettres sur l'Histoire de France* (les dix premières, accrues, de dix-neuf autres où il traita plus particulièrement des communes), il publiait une édition nouvelle, sérieusement remaniée, de son *Histoire de*

la Conquête de l'Angleterre par les Normands,
quand, le 7 mai 1830, il fut élu membre de l'Académie
des Inscriptions et Belles-Lettres. Son œuvre, on le
peut dire, était comme achevée alors, mais à quel
prix ! En 1826, bien peu après sa première édition,
il avait presque entièrement perdu la vue. En 1828,
complètement aveugle, il était frappé de paralysie.
C'est cet aveugle et paralytique, cet infirme de corps,
mais bien entier d'esprit et d'une âme toujours aussi
forte, que l'Académie des Inscriptions, sous le
ministère Polignac, s'était fait honneur d'appeler
dans son sein.

Au milieu de ses souffrances, la Révolution de
1830 le combla de joie. Il y voyait l'avènement non
pas du tiers-état dont il avait raconté les luttes et les
progrès sous l'ancienne monarchie, mais du régime
que cet ordre, enseveli dans son triomphe, avait pré-
paré et qui promettait d'assurer à la France les bienfaits des principes de 1789. Il y trouvait aussi une
satisfaction personnelle. Ses amis arrivaient au pouvoir, et M. Guizot lui ouvrait un nouveau champ de
travail. Dans le plan qu'il avait conçu d'une grande
collection de documents inédits de l'histoire de
France, il avait fait une place à l'histoire du tiers-
état. Il en fit accepter la direction à son illustre ami.
Trois volumes ont été le produit de sa collaboration
avec de jeunes savants chargés de recueillir et de lui
soumettre les pièces; et il en a tiré lui-même son
*Essai sur l'histoire de la formation et des progrès du
tiers-état,* destiné à y servir d'introduction.

Un autre travail, d'un caractère tout différent, par-
tagea ses loisirs dans ses dernières années, travail non

plus d'ensemble, mais de détail, qui devait avoir un grand attrait pour lui. Il y a chez le grand chroniqueur des rois de la première race, Grégoire de Tours, des récits qui ont tout le caractère du drame. Notre confrère se sentait en mesure de les faire revivre, grâce à sa profonde connaissance de l'époque et au don qu'il avait de deviner la pensée dans l'action, de reconstituer en portrait plein de vie les traits à peine esquissés d'un personnage. Il en a fait les *Récits mérovingiens* qu'il publia d'abord dans la *Revue des Deux-Mondes* (1833-1841) et qu'il fit précéder de ses *Considérations sur l'histoire de France*, comme pour montrer que le peintre exquis de ces tableaux de genre pouvait retracer, dans un cadre plus large, tout le mouvement de notre histoire.

Il reçut vers ce temps-là un digne salaire de ses travaux. Le baron Gobert venait de laisser toute sa fortune à l'Académie française et à l'Académie des Inscriptions et Belles-Lettres, à la condition qu'elles en attribueraient les arrérages sous forme de prix : l'Académie française, au morceau le plus éloquent, et l'Académie des Inscriptions à l'ouvrage le plus savant ou le plus profond sur l'histoire de France. L'Académie des Inscriptions, qui s'est prescrit comme règle absolue de ne pas donner à ses membres les récompenses dont elle dispose, se trouvait empêchée d'attribuer ce prix à l'œuvre d'Augustin Thierry. L'Académie française ne pouvait pas avoir les mêmes scrupules, puisque l'auteur de l'*Histoire de la conquête*, des *Lettres sur l'Histoire de France* et des *Récits mérovingiens* ne lui appartenait pas : elle le décerna donc à notre confrère ; et en vertu du testament il put en jouir jusqu'à sa mort ; car l'acte porte que « l'auteur de l'ouvrage couronné continuera à recevoir chaque année son prix jusqu'à ce qu'un ouvrage meilleur le lui enlève. » C'est donc en toute conformité au testament comme en toute justice que l'Académie a maintenu cet ennemi de la féodalité en possession de ce que M. Villemain a spirituellement appelé un « fief littéraire ». Reconnaissons qu'après lui, pas plus dans l'une que dans l'autre classe, on ne peut se flatter de s'en être tenu rigoureusement aux intentions du baron Gobert. Sinon, à quelle profondeur de science devrait être descendu, à quelle hauteur d'éloquence aurait dû s'élever l'auteur couronné en dernier lieu par chacune des deux Académies !

Dans cette période, Augustin Thierry avait eu encore une grande consolation trop tôt suivie d'une grande douleur. Une jeune femme, la fille d'un ancien contre-amiral, séduite par son talent et son malheur, avait voulu s'unir à lui, trouvant dans le commerce de ce grand esprit la récompense des soins qu'elle lui consacrait (1831). Il la perdit en 1844 et retomba péniblement dans sa solitude. De toutes parts on s'empressa de lui en adoucir les tristesses. La princesse de Belgiojoso le fit sortir de cet appartement de l'impasse Sainte-Marie, qu'il ne pouvait plus habiter, en lui offrant un pavillon, situé près du sien, dans la magnifique propriété qu'elle occupait rue du Montparnasse (propriété annexée aujourd'hui au collège Stanislas). Là reprirent ces soirées où se rencontraient, avec ses vieux amis, Guigniaut, Mignet, Henri Martin, etc., de plus jeunes admirateurs de son talent, dont plusieurs devinrent ses confrères.

C'était un moment solennel quand les deux battants de la porte du salon s'ouvraient et qu'on voyait apparaître, dans son fauteuil roulant, le maître du logis, paré comme pour une réception officielle. Un silence respectueux s'imposait jusqu'à ce qu'il eût été amené à sa place, auprès de la cheminée. On s'avançait vers lui alors ; il nous reconnaissait à la voix, nous tendait la main, et la conversation s'engageait sur les événements et les faits divers de la politique ou de la littérature, entretiens familiers où l'on pouvait goûter toute la vivacité et le charme de son esprit. Un coup de foudre troubla ces paisibles réunions : la Révolution de 1848 qui ne surprit personne plus que ceux qui l'avaient préparée. Autant il avait applaudi à la Révolution de Juillet, autant il s'affligeait d'une catastrophe (c'était son mot) qui lui semblait être la fin de tout gouvernement raisonnable. On était à un tournant de l'histoire, au delà duquel il ne voyait rien que d'obscur et de menaçant. La révolution s'étendant à l'Italie, il ne se crut même plus assuré de l'asile que la célèbre princesse lui avait offert dans son domaine. Il s'établit dans une maison voisine, où son salon resta ouvert ; mais au cours de ses longues journées, plongé dans ses méditations, il voulut se mettre en règle avec lui-même, et comme historien et comme homme. Déjà à plusieurs reprises il avait remanié ses écrits. Se méfiant des passions qui les avaient inspirés à ses débuts, il n'avait pas craint d'en retrancher les traits les plus vifs, ceux qui lui avaient valu le plus de succès, se jugeant dans sa maturité d'érudit, et sacrifiant tout à ce qui lui paraissait être la vérité simple et pure. Après cela, il résolut de faire encore une révision générale de ses œuvres, n'y laissant rien que sa conscience, éclairée par l'étude, ne pût avouer. Il avait retiré de l'histoire un haut enseignement pour lui-même. Que de violences, que d'intrigues, que de révolutions ! Et pourquoi ? Il trouvait d'ailleurs dans l'histoire un fait dominant : la Religion. Il y voyait une religion, datant des origines de l'humanité, gardée au sein d'un petit peuple, dans un coin de la terre, jusqu'au jour où elle s'épanouit en Jésus-Christ et couvrit le monde. Il voulut revenir aux notions qu'il en avait reçues dans son enfance. De son retour au catholicisme il y a un irrécusable témoin, qu'on appellera si l'on veut un complice : un membre de l'Académie française, ancien élève de l'École normale comme lui, simple sous-diacre alors, aujourd'hui évêque d'Autun. Et ses sentiments religieux ne se renfermaient pas dans son intérieur. Je n'oublierai jamais avec quel accent il citait un jour dans son salon, à propos de l'instabilité des choses humaines, ces paroles du Psalmiste, parlant du Créateur de la terre et des Cieux :

Ipsi peribunt ; tu autem permanes. Et omnes sicut vestimentum veterascent ; — et sicut opertorium mutabis eos et mutabuntur. — Tu autem idem ipse es, et anni tui non deficient (1).

— Comme c'est beau ! s'écriait-il, et il répétait :

Et sicut opertorium mutabis eos et mutabuntur. Tu autem idem ipse es, et anni tui non deficient.

C'est vers cette éternité que notre grand historien

(1) Ils périront, mais Toi tu demeures. Ils vieilliront tous comme un vêtement. Tu les changeras comme un manteau, et ils seront changés. Mais Toi, tu es toujours le même, et tes années ne passeront pas.

portait ses regards au déclin de la vie. Il ne lui suffisait pas de l'immortalité viagère que donne l'Institut ou de celle que promet la gloire dans les générations humaines. *Ipsi peribunt.* Il aspirait à l'immortalité qui repose en Celui dont le Psalmiste a dit : *Tu autem idem ipse es, et anni tui non deficient.*

J'aime à rappeler ces paroles qui expriment ses dernières pensées devant ce buste qui fait revivre son image aux yeux de ses concitoyens.

AU PAVILLON D'ANNE DE BRETAGNE

ET

AU COLLÈGE DE BLOIS

——

PALMES ACADÉMIQUES

Le cortège s'est reformé et gagne pour l'inaugurer le pavillon de la Reine Anne, sur la terrasse duquel l'infatigable musique du 113° d'Infanterie, qui n'a cessé de la journée et de la soirée de prêter son concours à la fête, se fait entendre.

Tandis que les invités gravissent le petit escalier en spirale qui conduit à la bibliothèque des *Sciences et Lettres,* qu'il nous soit permis de résumer en quelques lignes le passé de la Société et du charmant logis que la gracieuseté de la Municipalité de Blois vient de mettre à sa disposition. Fondée à Blois, vers la fin de 1832, après la disparition de cette *Société littéraire de Blois* que présidait le général comte Hugo, et que les démarches de son fils Victor n'avaient pu parvenir, dix ans plus tôt, à faire autoriser par le gouvernement, — les lettres manuscrites que possède la Bibliothèque de Blois et que nous devons publier sous peu en témoignent, — la *Société des Sciences et Lettres* comptait comme membres fondateurs :

MM. Amaury, juge de paix ; Beaussier père et fils, docteurs en médecine ; Blau, docteur en médecine ;

Celliez père, docteur en médecine ; Celliez fils, avocat, rédacteur du journal *le Blaisois* ; de Gallard ; de la Saussaye, conservateur honoraire de la Bibliothèque de Blois ; Desfray, membre de l'Académie de médecine ; Leroy, maire de Blois ; Naudin ; du Plessis et Renou.

Le Bureau, durant sa première année, avait été ainsi formé :

Présidents : MM. Naudin, membre la Société d'Agriculture de Loir-et-Cher ;

Beaussier père, docteur en médecine ;

Secrétaire : M. du Plessis, avocat.

Est-il besoin d'ajouter que, dès sa fondation, la Société avait eu à cœur d'inscrire parmi ses membres correspondants M. Augustin Thierry et son frère Amédée, alors préfet de Vesoul.

Il ne convient pas de faire en cette place l'historique de la Société. Qu'il nous suffise, feuilletant la collection de ses Mémoires, de remémorer les titres de quelques-uns des travaux qui y furent publiés. N'est-ce pas, pour ainsi parler, le mieux que l'on en puisse dire :

Dans le premier volume, à côté d'une étude de M. le Dr Marin Desbrosses, sur l'*Histoire chronologique de la Médecine et des médecins,* de Bernier, figurent un *Essai sur la ville de Blois et sur ses accroissements jusqu'au Xe siècle*, de M. de la Saussaye, et un *Essai sur la population du département de Loir-et-Cher au XIXe siècle*, de M. de

Pétigny, l'un des membres correspondants de la Société.

Les volumes suivants ne sont pas d'un intérêt moindre :

Le tome II contient la *notice* de M. le Dr Marin-Desbrosses sur *les aqueducs et fontaines de la ville de Blois* et les *Notes historiques sur le château de Bury*, de M. Naudin.

Les volumes suivants offrent des études de MM. Aucher-Eloy, de Salaberry, Eloi Johanneau, Vallon et Naudin : ce dernier, en deux ordres d'idées très différents, s'occupant successivement des *Chaussures à la Poulaine* et de *l'Hôpital-Général de Blois,* auquel il a consacré une notice très complète (tome IV).

Puis, ce sont MM. de Martonne et Reber, tantôt étudiant *les grandes Ecoles et le Collège de Blois* (tome VI) ; ou *la Légende de Saint-Dié-sur-Loire* (tome VIII) ; tantôt un blaisois dont le nom ne saurait être sans injustice oublié, *Phelipeaux de Pontchartrain.* Et ce, pendant que d'aimables amateurs, MM. Turpin, Blau et plus tard M. Couteau, éjouissent ces feuillets graves de leurs rimes légères, M. Dupré — et saurait-on parler du Blaisois sans revenir à ce nom ? — publie tour à tour ses recherches sur le *Château et les Seigneurs de Chaumont-sur-Loire,* ses *Essais Biographiques sur quelques Médecins blésois* (tome V) ; ses *Recherches sur le Château et les Seigneurs de Menars-lès-Blois* (tome VI) ; ses *études et documents sur le Servage dans le Blésois* (tome VII) ; son étude sur *le Château et les Seigneurs d'Onʒain* (tome VIII) ; sa notice sur *Guillaume Ribier* (tome IX).

Dans ce même volume parut la très remarquable traduction, par M. Reber, de l'*Esquisse biographique sur Augustin Thierry* de M. Vogel. Et c'est grand regret pour nous de ne pouvoir, crainte d'alourdir outre mesure, ces notes longues déjà, analyser ici ce travail.

Des noms nouveaux venaient, entre temps, s'ajouter à ceux des fondateurs de la Société. Tandis que M. de la Saussaye publiait dans le tome IX sa notice sur *le Château du Moulin*, M. Louis Belton, aujourd'hui notre jeune doyen, se faisait tour à tour connaître par son rapport sur *les Tombeaux mérovingiens trouvés à Saint-Dyé-sur-Loire* (tome VIII) ; et par *ses Recherches sur les Reliques de Saint-Victor* (tome IX).

Mais nous arrivons ainsi aux travaux de la veille. Nous manquons de compétence pour pouvoir juger les savantes observations de médecine mentale de M. le Dr Doutrebente. L'*Étude sur l'ancien Château de Blois,* de M. F. Bournon, est telle que nous pouvons la louer publiquement, sans que soit suspectée une vieille amitié (tome X) ; et si nous ne parlons pas ici de l'*Armand Baschet,* de M. le Dr Dufay, « c'est pour des raisons », comme eût dit le pauvre Verlaine.

Dans quelques semaines paraîtra la seconde partie du tome XIII des Mémoires de la Société, contenant la fin de la savante et intéressante étude de M. Alfred Bourgeois, sur *les Métiers de Blois*.

Quant à ces troublantes et insaisissables *Forces non*

définies, de M. DE ROCHAS, ce chercheur, pour qui les envoûtements et maléfices du chanoine Docre sont devenus expériences scientifiques, qui ignore que le tome XI des Mémoires de la Société des Sciences et Lettres eut l'heur d'en avoir la révélation.

Comptant plus de trente Membres titulaires et un nombre double de correspondants, la Société, qui se réunit tous les quinze jours, possède outre ses collections archéologiques, une bibliothèque formée, en majeure partie, par les échanges de publications qu'elle fait avec les Sociétés similaires. Des collections s'y trouvent réunies, qui manquent, malheureusement, à la Bibliothèque de Blois, et que l'on est heureux de pouvoir maintenant venir consulter dans cette salle merveilleusement propre au travail du pavillon de la Reine Anne, alors que, pour ce faire, il fallait jadis grimper dans les combles de l'Hôtel de Ville, où, dans un local trop exigu, les livres étaient les uns sur les autres empilés.

En plus de ses Mémoires, contenant les œuvres de longue haleine, la Société publie, à intervalles non réguliers, un *Bulletin* consacré à des études et à des recherches de longueur moindre, dont la collection sera plus tard intéressante à feuilleter.

Son Bureau est actuellement ainsi constitué :

Président :	MM. BODROS ;
Vice-Président :	Adrien THIBAULT ;
Secrétaire :	Pierre DUFAY ;
Vice-Secrétaire :	BAR ;
Trésorier :	ROUGET.

Quant au pavillon de la Reine Anne, — et son nom en indique suffisamment l'origine, — avec son mélange heureux de pierres et de briques, ses balustres ajourées, portant les initiales de Louis et d'Anne, son toit pointu comme un bonnet de bretonne, et la cordelière de la reine qui court et volte autour des trumeaux, il est bien pour le voyageur qui descend du chemin de fer cette « sorte de préface à l'étude de l'art et de l'histoire qu'il va suivre dans les murs du vieux manoir royal » (La Saussaye) (1).

Félibien en a donné une jolie description dans ses *Mémoires sur les maisons royalles*. Qu'il ait servi de retraite à la reine au cours de son vœu pour voir cesser sa stérilité, comme, après cet auteur, l'ont prétendu MM. Bergevin et Dupré dans leur *Histoire de Blois* (2), ou durant les démêlés de Louis XII avec Jules II, alors que l'excommunication pontificale pesait sur le roi de France : c'est là un des plus fins bijoux que nous ait laissés une époque prodigue cependant de délicats souvenirs.

Un des pavillons d'angle contient une petite chapelle, et dans les très intéressantes et instructives recherches sur les *Résidences royales des bords de la Loire*, M. Joseph de Croÿ (3) relève maintes traces des dévotions que le roi venait faire en cet oratoire si féminin et si coquet en ses proportions :

(1) *Blois et ses Environs ;* troisième édition du Guide historique dans le Blésois. Paris, Aubry, 1862, in-12, p. 191.

(2) *Histoire de Blois*, par L. Bergevin et A. Dupré. Blois, E. Dézairs, 1846, 2 in-8º, tome Iᵉʳ, p. 465.

(3) *Nouveaux documents pour l'histoire de la création des Résidences royales des bords de la Loire*, par Joseph de Croÿ, ancien élève de l'Ecole des Chartes. Paris, Picard, 1894, in-8º, p. 117.

« Pendant ses séjours à Blois, Louis XII, qui suivant l'usage des rois de France, assistait à la messe
chaque matin, paraît avoir eu une prédilection pour
cette chapelle. Le compte des aumônes et offrandes du
roi, tenu par Jacques Acarie, pour les années 1506-
1507, nous donne à ce sujet des renseignements pré-
cis. Il mentionne trois chapelles au château : Saint-
Calais, desservie par les moines de ce prieuré ; la
chapelle du château, appartenant à la paroisse de
Saint-Martin, et la chapelle du jardin qui dépendait
de celle de Saint-Nicolas. Au mois de décembre 1506,
Louis XII assiste douze fois, et en janvier 1507 qua-
torze fois à la messe de la chapelle du jardin, dite par
le curé de Saint-Nicolas, Etienne Guillot, dit Verjus,
tandis qu'il partage les autres jours entre les chapelles
du château et les églises de Champbourdin et de
Saint-Lomer. A chacune de ces messes, l'offrande du
roi était d'un écu, de la valeur de 35 sous. »

Alentour s'étendait le merveilleux jardin que
Louis XII avait fait dessiner et organiser par Pacello
de Mercoliano, qu'il avait appelé d'Amboise et qu'il
pourvut aussitôt d'un canonicat vacant au chapitre
de Saint-Sauveur. Le plan n'en fut guère modifié
durant les soixante années qui suivirent, et il était
déjà tel que le dessinait du Cerceau dans ses *Plus
excellens bastimens de France* (1). Des allées à
angles droits formant des compartiments bordés de
clôtures basses, des parterres en forme d'arabesques,
des galeries de bois, légères et élégantes, puis ce fameux *dôme*, à la coupole surmontée d'une statue dorée

______

(1) *Les plus excellens bastimens de France,* par ANDROUET DU CER-
CEAU. — 1579, tome II.

de Saint-Michel, tandis qu'au bas l'eau bruissait dans les vasques d'une fontaine de marbre blanc, qui si fort provoquait l'enthousiasme de Félibien et de Bernier (1).

Ce seraient, d'ailleurs, les pages entières que consacre M. J. de Croÿ aux jardins du Château, qu'il faudrait relire, pour se faire une idée exacte de la magnificence de ce décor vraiment princier. Hélas, que reste-t-il de tout cela ? une vasque brisée, appartenant au Musée de Blois, déposée aujourd'hui sous une des galeries du Château, des graines folles, emportées par le vent du jardin botanique de Gaston, cet *hortus regius blesensis* que sauva de l'oubli Abel Brunyer, et qui, en certains coins de forêt ont fait naître parfois de déconcertantes éclosions de plantes exotiques, bizarres et charmantes.

Seul, le pavillon de la Reine Anne est resté debout. Mais, par quelles vicissitudes n'est-il point passé ? Arsenal et salpêtrière sous la Révolution, magasin vague, des années durant, de la manutention militaire, installée dans l'ancienne demeure proche des jardiniers du roi, sur ses terrasses, des baraquements du génie militaire poussés comme de vénéneux champignons : c'était la ruine et l'imminente disparition, dans l'innommée tristesse des sculptures qui s'effritent, des pierres qui se fendillent, du temps et des hommes qui détruisent.

Dès 1866, la Municipalité de Blois avait songé à la restauration du pavillon de la Reine, et avait dans

____

(1) BERNIER. — *Histoire de Blois*, pp. 24-25.

ce but fait l'acquisition d'une maison, qui en masquait la vue (1).

Plus de vingt ans devaient s'écouler avant que la restauration projetée pût avoir lieu. Grâce à la science et au talent de M. de Baudot, habilement secondé par M. Grenouillot, la restauration est aujourd'hui complète. Le pavillon de la Reine a repris toute sa grâce et toute son élégance. Aucune trace n'est demeurée des injures anciennes. C'est dans la coquetterie et l'intimité d'un caprice de reine que des chercheurs s'assemblent et discutent, en ce cadre, qui, lui-même, semble évoquer le passé, au-dessus d'eux, parmi le silence des soirs, les signes mystérieux d'un inutile cadran solaire.

Après cette nécessaire digression, c'est là aussi que nous retrouverons, si vous le voulez bien, les invités de la Ville assemblés, à qui, en quelques paroles, M. le Dr Doutrebente souhaite la bienvenue au nom de la Société ; remettant à MM. Liard, Brunetière et Wallon fils, les jetons d'argent, qu'en manière de commémoration, la Compagnie a fait frapper, portant le millésime des fêtes du Centenaire.

Voici d'ailleurs le bref procès-verbal relatant cette première et extraordinaire séance de la Société des Sciences et Lettres en son nouveau logis :

« Le 10 novembre 1895, à l'occasion de l'inauguration du buste d'Augustin Thierry dans le square Victor Hugo, la *Société des Sciences et Lettres*, réunie en séance extraordinaire, a prié M. le Délégué

(1) Délibération municipale du 26 mars 1866. — *La Municipalité de Blois; 1850-1870,* par Eug. Riffault, ancien Maire de Blois. Blois, Lecesne, 1878, in-8° de 150 pp., p. 97.

du Ministre de l'Instruction publique, les Elus, les Invités de la Ville, les Représentants du Gouvernement, de vouloir bien honorer de leur visite le pavillon de la Reine Anne, nouvellement restauré et mis par la Municipalité de Blois à la disposition de la Société. »

Ont signé au procès-verbal :

MM. Liard, Jules Guéritte, H. Duréault, Emile Bourgeois, Valentin, Jullien, Constantin, Gélinet (sous-préfet); Tourette, Ragot (député); E. Gauvin (député); Gilbert-Augustin Thierry, Charton, Thivet, S. de Forge, Fusy (inspecteur à Vendôme); Crocheton, Barat, L. Bodin, M. Besnier (élève à l'École Normale supérieure); Guédon (conseiller municipal), Max Maurey, A. Blanchon (vieil ami d'Augustin Thierry); Julie Gignoux (née Etève Thierry); Jubereau (inspecteur primaire à Romorantin); Ferrand (maire); Louis Fromet, E. Gaignaison, Michaël Py (du *Républicain de Loir-et-Cher*); Arthur Rozier, Grenouillot, Henry de Cardonne, F. Leleu, Eug. Treignier

Le Secrétaire,

Pierre DUFAY.

Les invités quittent le pavillon, dont la porte jusquelà à grand peine gardée, vient d'être forcée par la foule, qui, curieuse, envahit le jardin.

Les landaus descendent au grand trot l'avenue de la gare, menant le cortège au Collège Augustin-Thierry, puis à la préfecture.

De nouveau, M. Michaël Py, du *Républicain de Loir-et-Cher*, sera notre guide :

Les élèves étaient rangés en carré dans la cour. Les personnages officiels, après la visite à la salle d'honneur où ils se sont inscrits, sont entrés dans le carré ainsi formé, en compagnie de MM. les principal et professeurs du Collège. Là, un jeune élève de rhétorique, M. Paul Bretonneau, a lu un discours de bienvenue, fort bien écrit. M. Liard a répondu par quelques mots de remerciements, puis il a rappelé aux enfants rangés autour de lui la belle devise du grand historien :

« Il n'est rien de plus beau que la science et de plus grand que le dévouement à la science ». « La volonté, a-t-il dit, est tout l'homme. Elle s'acquiert par l'exercice d'une discipline morale assidue et par l'exemple des nobles vies. » Après ces paroles, applaudies par le jeune auditoire, les invités ont visité la chapelle, cette ancienne salle d'études où le grand Augustin Thierry eut son heure définitive d'enthousiasme et d'inspiration. Quel cadre pour sentir s'y révéler l'âme du passé et cette ancienne France que la France moderne, depuis Richelieu, ignora si complètement. Comme ils devaient retentir sous ces voûtes les chants, d'ailleurs imaginaires, qu'Ossian avait inspirés à Chateaubriand : « Pharamond, Pharamond, nous avons combattu avec l'épée ! »

Cette visite a vivement intéressé tous les invités qui, en quittant le Collège, se sont rendus à la préfecture où devait se faire la distribution des décorations.

Dans le grand salon de la préfecture, M. Liard, au nom des Ministres de l'Instruction publique et de l'Agriculture, a distribué les décorations suivantes :

Officier de l'instruction publique : M. Belton, avocat, ancien bâtonnier de l'ordre, président du Comité du Centenaire, ancien président de la Commission administrative des hospices, ancien conseiller municipal, membre du Conseil des prisons, de la Commission du Collège, de la Commission du bureau de bienfaisance, avocat conseil de la ville de Blois, membre de la *Société des Sciences et Lettres* de Loir-et-Cher. Nous applaudissons avec joie à l'acte de justice qui a été rendu à cet homme de bien dont les services ne se comptent plus et qui a l'estime de tout ce pays.

Officier d'Académie depuis quinze ans, M. Belton a reçu les palmes d'or au moment où son labeur et sa haute probité l'avaient classé au milieu de nous plus haut que ne le sauraient faire les distinctions dont on fut si prodigue pour des services électoraux et si avare pour de grands mérites tels que celui-là. La décoration que M. Belton honorera plus qu'il n'en est glorifié a été sollicitée pour lui par M. le Maire de Blois.

M. Heuls, professeur du Collège, a vu récompenser par la rosette de l'instruction publique les bons et loyaux services qu'il a rendus à l'enseignement au cours d'une longue et honorable carrière.

M. Cuper de Postel, ancien inspecteur des postes et télégraphes, auteur de brochures fort intéressantes, est nommé officier de l'instruction publique.

Sont nommés officiers d'Académie :

M. Brosse, l'excellent professeur de sixième au Collège Augustin-Thierry ; M. Fournier, instituteur à Lamotte ;

Mlle Léonie Gallier, institutrice à Montoire ;

M. Ledoux, chef de division à la préfecture.

LE BANQUET
LES ILLUMINATIONS
LA REPRÉSENTATION DE GALA
LA PRESSE PARISIENNE

Pour le banquet, de même que pour la soirée dramatique et musicale, c'est encore aux journaux blaisois que nous emprunterons leurs comptes rendus, les mélangeant et les complétant s'il y a lieu.

LE BANQUET

A six heures, dans le pavillon de Gaston, brillamment illuminé à l'extérieur et dans la salle Gaston ornée avec un luxe merveilleux de lumières et de fleurs, le banquet de deux cent cinquante couverts a été servi.

Nous avons décrit l'ornementation magnifique de ce pavillon décoré à profusion de fleurs et de tentures rouges. Rien n'a manqué à ce festin pour en faire une réunion splendide. A la table d'honneur était assis M. le Maire de Blois, président, ayant à sa droite M. Liard, délégué du Ministre et à sa gauche M. le Préfet de Loir-et-Cher, MM. Brunetière, de Rozière, l'Evêque de Blois, les familles Augustin Thierry, M. Tassin, sénateur, MM. Jullien, Gauvin, Bozérian, Ragot, députés. Voici le menu de ce repas.

servi avec beaucoup de goût par les soins de M. Thibaudier, de l'Hôtel de Blois :

Bisque d'écrevisses
Consommé aux quenelles
Saumon sauce crevettes
Gigots de chevreuil à la Chambord
Timbale Mérovingienne
Punch à la romaine
Dindonneaux truffés
Chaud-froids de faisans et perdreaux
Salade Normande
Haricots verts maître d'hôtel
Ecrevisses buissons
Pièces en nougat
Munich
Glace Médicis
Dessert assorti
Madère, Saint-Estèphe, Pomard
Champagne Mercier
Café, cognac.

Nous ne pouvons à nouveau donner la liste des nombreuses personnes qui prenaient part au banquet, renvoyant pour cela à la liste très complète que nous avons donnée des invités et des souscripteurs de la page 80 à la page 88.

Le dîner prend fin à 8 heures. Au champagne, la série des toasts débute par celui de M. le Préfet de Loir-et-Cher.

Nous reproduisons textuellement la version qu'en a donné l'*Indépendant de Loir-et-Cher*, en date du 13 novembre :

Tandis que je parcourais l'autre jour quelques-unes de ces pages lumineuses, vibrantes, où Augustin Thierry tour à tour grave et charmant nous fait assister à l'éclosion et à la formation de la France, une pensée se faisait jour dans mon esprit, s'y imposait qui, je crois, s'imposerait à l'esprit de tout lecteur. J'étais frappé par la persistance de ce je ne sais quoi d'irréductible qui, à travers tous les accidents de l'histoire, toutes les vicissitudes et toutes les métamorphoses d'une nation ancienne : la race. Je reconnaissais, étonné, dans notre société moderne le peuple d'héroïsme allègre et de solide bon sens qui a connu la Chevalerie et la Jacquerie, qui a fait les croisades et 89 — cette croisade encore.

Le temps a mêlé les hommes, rapproché ou fondu les classes : le type original est toujours là, debout. Dans toute cette prestigieuse galerie de portraits peints par l'aveugle voyant — depuis ce chef Arverne à la taille haute, au visage fier et martial jusqu'au sympathique et généreux souverain dont l'intérêt allait droit à l'utile, au possible, — en dépit des indifférences de temps, d'institutions, de sectes, de castes, de costumes ou de masques, il y avait les dominant, les réunissant et aussi les éclairant tous — nobles ou roturiers, manants et princes, — tous preux, tous francs, quelque chose de commun, une même physionomie morale, dirai-je un air de famille.

Et voici qu'insensiblement par l'opération « d'un mystère » non vengeur, mais réconfortant, par l'évocatrice magie du décor dans ce château de féerie et, à toutes ces antiques figures une image nouvelle se substituait, qui les appelait, les résumant en quelque sorte toutes, celle d'un Français moderne, image familière et respectée en qui réapparaissent et revivent ces qualités ancestrales.

Et c'est à ce preux et droit Français que je vous convie, Messieurs, à lever mon verre avec moi au Président de la République.

M. le Maire de Blois porte un toast aux hôtes de la ville, à MM. Liard, Brunetière, de Rozière, à la famille d'Augustin Thierry (vifs applaudissements) et remercie M. le Préfet d'avoir assisté aux fêtes.

M. Gilbert-Augustin Thierry exprime la gratitude de la famille de l'illustre historien, boit à Pardessus, à Papin, « aux gloires de Blois, *alma parens virum,* « à la ville de Blois (applaudissements) ».

A son tour, *M. Liard* lève son verre à Blois, la ville riche en historiens, la patrie de Pardessus, de la Saussaye et des deux Thierry, car Augustin ne saurait faire oublier Amédée « qu'il vous faudra bien glorifier un jour ». (Bravos).

M Maxime Blanchon, président de l'*Association Amicale des Anciens Elèves du Collège de Blois,* adresse des remerciements et porte « le toast le plus chaleureux » à l'Académie, à l'Institut, aux Inscriptions et Belles-Lettres, aux assistants et à la famille d'Augustin Thierry :

Monsieur le Directeur de l'Enseignement Supérieur, Messieurs de l'Académie Française, de l'Académie des Inscriptions et Belles-Lettres, vous tous chers compatriotes accourus de toutes parts.

Nous tenons nous aussi à vous remercier d'être

venus honorer la cérémonie du Centenaire de notre illustre concitoyen Augustin Thierry.

Dans cette cité, où la courtoisie française est proverbiale, l'*Association Amicale des Anciens Elèves du Collège de Blois,* dans lequel les deux Thierry firent leurs études, manquerait à tous ses devoirs si elle ne vous priait, Messieurs, d'agréer son toast le plus reconnaissant, le plus chaleureux. Elle lève aussi son verre en l'honneur de tous les membres de la famille du grand historien.

Enfin M. Brunetière se lève et prononce ce toast charmant :

Messieurs,

Voici déjà trois ou quatre fois cette année que j'ai l'honneur de me trouver mêlé à des célébrations de centenaires ou à des inaugurations de statue, l'honneur aussi d'y prendre la parole, et l'honneur enfin d'en être amplement récompensé par un accueil aussi bienveillant, et, permettez-moi de le dire, aussi cordial que le vôtre.

Vous ne vous étonnerez donc pas que, si j'avais pu m'en défier, je commence à prendre goût maintenant aux inaugurations et aux centenaires et il me semble, en vérité, que je vais m'en faire une espèce d'habitude.

Mais où commence la difficulté, c'est quand on voudrait remercier de son accueil une réunion comme celle-ci. Les mots vous manquent alors, et on est obligé de solliciter une faveur de plus qui est de vous demander de faire moins d'attention aux mots qu'au sentiment qui les dicte. C'est ce que je vous demande, et tout ce que je puis dire en effet c'est que je ne sais si l'on a jamais bu davantage, mais on n'a jamais bu plus sincèrement à la prospérité de la ville de Blois.

Ces paroles sont fort goûtées et un ban succède aux applaudissements.

Le banquet est terminé et en sortant, nos hôtes admirent les proportions de la salle Gaston, ses tapisseries des Gobelins, la belle ordonnance de l'escalier, décoré de plantes tropicales, le grand air de la cour et du château où rivalisent plusieurs styles, où palpitent plusieurs civilisations, où chaque pierre, pour ainsi parler, a son histoire.

LES ILLUMINATIONS

Mais une autre surprise les attend : à peine ont-ils franchi la rampe du château et arrivent-ils place Saint-Vincent qu'ils ne peuvent retenir une exclamation.

La façade François Ier, au long de laquelle courent des lumières espacées, pareilles à des lucioles, apparaî[t] comme une féerie de pierre, un palais enchanté, livrant par instants passage à d'idéales apparitions, à des femmes mystérieuses, venant dans les loggias respirer l'air de la nuit entre deux menuets.

Le ciel est pur et les étoiles épandent leur douce clarté sur ce site incomparable, tandis que le feu d'artifice éclate, que les arbres rougeoient aux lueurs des feux de bengale et que la façade François Ier s'enveloppe toute d'un voile de pourpre orientale (1).

(1) *L'Avenir de Loir-et-Cher,* 13 novembre 1895.

Ayant la bonne fortune de compter parmi ses collaborateurs M. Robert de Flers, un écrivain de race que connaissent bien les lecteurs de l'*Illustré Soleil* et de la *Vie Contemporaine,* et dont le talent et les qualités d'esprit et d'observation viennent de s'affirmer à nouveau, par ces jolies notes de voyage, *Vers l'Orient,* dont la couverture claire égaye en ce moment les étalages des libraires : le journal l'*Avenir,* avait eu l'heureuse idée de le prier de vouloir bien rendre compte de la soirée du 10 novembre.

Nous ne saurions mieux faire que reproduire ici ces lignes d'une écriture élégante et bien moderne.

Mais laissons d'abord parler le poète Edouard Blau, qui, comme il a été dit, avait bien voulu se charger d'écrire cet à-propos charmant, *Notre Augustin Thierry,* que M. Prudhon a fait, au cours de la soirée et sous les applaudissements de toute la salle, valoir par sa fine et parfaite diction :

NOTRE AUGUSTIN THIERRY

Notre cité déjà voit la fin d'un beau rêve,
Car les hôtes charmeurs sont prêts à la quitter,
Ayant fait, en ce jour, de chaque heure trop brève,
Une fête pour nous qui voulions les fêter.

Ils vont où les attend la tâche accoutumée
Et rien ne les saurait plus longtemps retenir :
Consacrer une ancienne et haute renommée
Redouble leur élan vers la gloire à venir !

Mais ils auront toujours, près du nom qu'on vénère,
Place dans notre cœur fièrement attendri,
Ceux-là qui sont venus, fervents du Centenaire,
Louer si dignement notre Augustin Thierry !

Oui ! le nôtre... avant tous ! — Pour son labeur suprême,
Des ans et des rivaux défiant les défis,
On l'honore partout ;... dans cette ville, on l'aime ;
La France dit : le Maître ! et Blois songe : le Fils !

C'est de l'astre grandi la naissante lumière
Qu'il nous plaît retrouver au fond de notre ciel,
Comme les compagnons de jeunesse première
Parlaient de l'écolier plus que de l'Immortel.

Ailleurs, dressez pour lui l'airain, taillez les marbres !
Son œuvre les réclame... Un tapis de gazon,
Des fleurs, des chants d'oiseaux dans la paix des grands arbres,
Chez nous cela suffit : il est de la maison !

Et quand sous les rameaux ils verront son image,
Les enfants aux yeux clairs, au sourire ingénu,
Lui rendant le plus doux et le plus cher hommage,
Diront : C'est un ami que grand-père a connu

Voici le compterendu de M. Robert de Flers, ainsi que les notes dont l'a fait suivre M. Henry de Cardonne :

Dimanche soir, au théâtre, c'était grande fête et « noble réjouissance », comme on eût dit à cette belle époque de la Renaissance, encore si vivante dans les ruelles pittoresques bordées de portes mystérieuses, propices aux étranges rendez-vous de la bonne petite ville de Blois, grande dame paresseusement étendue sur trois collines et qui se mire depuis des siècles dans les eaux profondes de la Loire. Il va sans dire qu'Augustin Thierry était encore la cause de ce régal dramatique. C'est pour lui que s'était déplacée Mlle Ganne, cantatrice de beau style, et les frères Cottin, capables d'évoquer par leurs agréables duos et les lointaines résonnances de leurs mandolines, la baie de Naples, fleurie et musicienne. C'est pour lui que M. Blau, un enfant de la rue Denis-Papin, composa de beaux vers d'une dignité toute officielle. C'est pour lui enfin qu'une partie de la Compagnie du Théâtre-Français quitta la rue Richelieu où pourtant le travail ne manque point.

Les pièces ? — Des fragments du *Legs*, le plus délicieux des marivaudages, puisqu'il est de Marivaux lui-même, un peu d'humanité vue à travers une loupe dont le vers serait rose. *Qui ?* de Paul Bilhaud, une aimable piécette coulée dans le moule le plus parfait de la batterie de cuisine vaudevillesque avec quelques grains de sel comique, le *Baiser*, de Théodore de Banville, prince de la rime, sorte de revue lyrique, ciselée et damasquinée comme le fourreau-bijou d'un poignard de conte de fées, transparente et variée comme une pierre de lune (Pierrot n'en vient-il pas ?)

Les interprètes ? — Mme Persoons qui commet un gros anachronisme en abordant les rôles de mère, alors que l'éventail de la grande coquette lui va si bien. Citons en son honneur cette pensée de la bonne Mme de Genlis : « la maternité est la plus charmante des coquetteries », et disons bien vite qu'elle est parfaite dans ce nouvel emploi, pleine de bonne grâce et bien disante à souhait.

Mlle Bertiny, la plus jolie des fées, bien digne d'habiter la « perle creuse » que le poète lui désigna comme demeure. Petite Urgèle, saurez-vous seulement jamais tous les miracles que vous avez faits en une soirée, tous les Pierrots que vous laissez derrière vous rêvant aux étoiles, dont ils voudraient décrocher une, pour vous en faire présent, trouvant indignes de vous plaire toutes les roses qui fleurissent dans le « Jardin de la France ». Ils les cueilleront pour vous les envoyer au jour prochain de votre Sociétariat... Mais la fée s'est faite femme; Urgèle devient l'héroïne de M. Paul Bilhaud, et sans le vouloir elle reste fée. — Tels autrefois les dieux souffraient de ne pouvoir dépouiller leur divinité.

M. Prudhon, un maître comédien sûr de ses effets, connaissant à fond la scène, arrivant au comique par un naturel et un sérieux dont profite singulièrement l'œuvre interprétée, d'une distinction parfaite, et pour ces rares qualités et bien d'autres encore d'intelligence et de bon goût, l'un des plus utiles collaborateurs de M. J. Claretie...

M. Truffier, d'un comique toujours fin et délicat, donnant à ses rôles une allure élégante et facile, et je ne sais quelle désinvolture qui leur prête un surcroît de vie et de mouvement... Chacun sait que le comédien est doublé d'un véritable poète, point banal, plein d'inventions et déjà maintes fois applaudi. Ses vers fleurent le jasmin et la bergamote, sont couverts à frimas de poudre ancienne, et il est un petit sentier où l'on aime à cueillir toujours fraîche et jeunette une de ces « Fleurs d'Avril ».

M. Georges Berr a montré dans le *Baiser* ses merveilleuses qualités. Tour à tour touchant ou comique, moqueur ou lyrique, il a déployé toutes les gammes de sa belle voix mordante et profonde. Son jeu plein d'expression, de finesse et d'imprévu, d'une fantaisie inattendue et cependant réglée avec un art exquis, a soulevé des applaudissements unanimes. Lui aussi est un auteur charmant ; autant avouer qu'il est on ne peut plus proche parent de Colias, qui a signé maintes chansons, pièces ou chroniques d'une belle ironie, toujours exacte et discrète.

Que le pompier de service me permette d'emprunter l'expression de sa satisfaction. Ce digne fonctionnaire a eu raison de s'écrier : « Ils ne jouent pas comme des acteurs, mais comme des hommes ». Combien de fins lettrés avec de belles périodes ne rendent pas aussi bien leur sentiment. Merci, pompier.

Faut-il en croire le gardien du château ? — Ce préposé à un cordon historique assure avoir entendu toute la nuit dans les salles des pas, un cliquetis d'épée, des mots chuchotés. N'était-ce point le bon roi François qui était revenu dans sa bonne ville voir d'aussi parfaits artistes. Il avait sans doute mis à son chapeau ses plus belles plumes, celles qu'on lui envoyait d'Orient, et revêtu son justaucorps clair azur en drap de Flandre et son pourpoint gorge de pigeon. Sans nul doute, il avait dans sa poche un souvenir pour chacun, et avant de quitter les Champs-Élysées, il n'avait point oublié de demander à son ami Clément un sonnet galamment rimé à l'adresse de Mlle Bertiny. Mais les autorités empêchèrent le bon roi de se promener par la ville ; les pièces d'argent qu'il tendit à ses gardiens n'avaient plus cours ; on lui raconta que l'amour avait fait banqueroute. Il se contenta de demander ce qu'on jouait ; on lui répondit : *Le Baiser ;* il crut que c'était un hommage qu'on lui rendait et il retourna sur les bords du Styx faire des bouquets d'asphodèles pour le front de lys de « Diane de Poitiers ».

On se sépara fort avant dans la nuit et chacun ressemblait dans son enthousiasme à cet ami de M. Thiers auquel celui-ci reprochait d'avoir « des préférences pour tout le monde. »

Robert de Flers.

*
* *

On ne saurait mieux dire : mon sympathique collaborateur me permettra d'ajouter quelques mots.

Il convient, en effet, de saluer la *Philharmonique* de Blois, qui a plus que jamais affirmé sa vitalité dans l'interprétation du bel *Hymne* de M. Etesse à Augustin Thierry, et de l'allegro de la *Symphonie en ut majeur* de Beethoven ; sous la direction de son chef, toujours jeune et vibrant, M. Cauchie, elle a montré de grandes qualités d'homogénéité, d'éclat et de style.

Mlle Ganne, que nous n'avions pas entendue depuis son brillant début à l'Opéra, est une véritable artiste, dont la voix splendide est rehaussée par un port de reine. Elle a su faire apprécier la distinction, la souplesse et la variété de son rare talent dans le grand air d'*Aïda,* la mélodie de Lefebvre et la sérénade du *Baiser,* dite avec un charme infini.

En ce qui concerne la Comédie, M. Robert de Flers a tout dit et excellemment : on a été surpris de voir la Comédie jouer du Marivaux en habit de ville, mais ce n'était qu'un fragment du *Legs,* et l'on n'a pas à apprendre à des artistes de la maison de Molière que le Marivaux s'interprète en poudre.

Je tiens aussi à dire particulièrement à M. Georges Berr combien il a été goûté dans le *Baiser :* il est impossible de mieux dire les vers, et Théodore de Banville n'aurait pu rêver un interprète plus fin, plus nuancé de sa poésie, ambroisie pure. C'est de l'art et du plus exquis, du plus fin : et je conçois que la jolie fée Urgèle ait failli y succomber.

Quant à MM. Cottin frères, ils ont remporté tous les suffrages : blonds et beaux comme les chevaliers des légendes allemandes, ils descendent sur la terre avec leur mandoline et leur guitare, et leurs voix charmantes font passer sur nos cœurs une brise fraîche et printanière, humide encore des larmes de l'amour. Leur talent délicat, discret, affiné, a vivement séduit, et généreusement ils ont soupiré le *Rêve,* devant l'auditoire absolument ravi.

M. Prudhon, qui a les meilleures traditions de la Comédie, a récité les vers charmants où M. Édouard Blau a mis tout son cœur de Blésois.

*
* *

Entre la première et la seconde partie, les autorités, M. Brunetière et de nombreux dilettanti sont allés au foyer des artistes, exprimer leurs compliments et ceux de la salle, l'une des plus élégantes qu'on ait vues à Blois, à la Comédie, à Mlle Ganne et à MM. Cottin.

En terminant, nous avons à cœur de nous faire l'organe de l'opinion publique pour féliciter chaudement la Commission des fêtes du Centenaire, en particulier M. Belton, vice-président, et M. Pierre Dufay, le sympathique secrétaire, sans oublier M. Dillard, et tous ceux qui ont contribué au succès d'une solennité littéraire où l'âme de notre ville a vibré fièrement, dans un hommage ému à la mémoire de l'Homère blésois (1).

D'autre part, par cette brève note, le *Figaro* du 12 novembre 1895 relatait ainsi le succès de cette soirée :

La cérémonie d'inauguration du monument d'Augustin Thierry, à Blois, s'est terminée dimanche par une représentation intéressante à laquelle prêtaient leur concours Mlle Ganne, de l'Opéra ; MM. Cottin, mandolinistes, et plusieurs artistes de la Comédie-Française.

Au programme de comédie : *Qui ?* de M. Paul Bilhaud, joué par MM. Prudhon et Truffier, Mmes Persoons et Bertiny ; et *le Baiser*, de Théodore de Banville, joué par Mlle Bertiny et M. Georges Berr.

Grand succès pour les auteurs et les interprètes.

A notre tour, nous ajouterons un mot. Le compte rendu de *l'Avenir* s'arrête à la représentation théâtrale : mais l'heure de la séparation n'était point encore

---

(1) *L'Avenir de Loir-et-Cher,* 13 novembre 1895.

sonnée, pour les Blaisois et les interprètes de cette délicieuse soirée.

Un souper intime réunissait, en effet, à l'Hôtel de France, après la chute du rideau, artistes, membres du bureau du Comité et membres de la Commission théâtrale.

Si la chère fut exquise ? Ce menu en témoigne.

Huîtres de Marennes

Consommé

Filet de Bœuf Rossini

Chaudfroid de Perdreaux

Dinde truffée

Pâté d'Alouettes

Salade

Légumes

Petits Pois à la Française

Ecrevisses Buisson

Glace

Gâteau Breton

Desserts assortis

Café, Liqueurs

Champagne Chausson

Tout juste, cependant, si le menu ne fut pas négligé, pour cette causerie, pleine d'humour et d'esprit, qui jusqu'au départ du train se prolongea.

Sans en citer une ligne, de peur de le déflorer, outre qu'il n'était nullement destiné à la publicité, dirons-nous le toast charmant, par lequel M. Ferdinand Brunetière, ce maître de l'esprit et de la langue, se fit au dessert l'interprète de tous, en remerciant ces « hôtes charmeurs » de la belle et douce impression d'art que nous leur devions.

Hélas, le chemin de fer n'attend pas, ou peu, l'au-revoir était venu, et que de regrets, sur le quai de la gare, tandis que grondait le train, pour ceux qui restaient...

Souvenir triste un peu à présent d'heures trop brèves, que ravivra longtemps pour nous le joli programme que M. Pillette, le très artiste architecte du monument d'Augustin Thierry, composa pour ce gala : ce musicien Watteau, assis, la mandoline en mains, au-dessous de la stèle de Thierry, tandis qu'au loin se profilent, par delà le pont, la masse sombre du Château et les tours de Saint-Laumer et qu'à ses pieds coule le fleuve de Loire.

LA PRESSE PARISIENNE

La presse parisienne qui était représentée aux fêtes du Centenaire d'Augustin Thierry par un certain nombre de ses membres ne pouvait manquer d'en rendre compte. Quelques emprunts suffiront à donner la note de ces comptes-rendus, dont les auteurs nous pardonneront de relever par ci, par là une erreur de détail, de rectifier quand il y aura lieu, l'orthographe d'un nom.

Tout d'abord le *Temps,* qui, la veille même, avait publié l'intéressante interview de M. Gilbert Augustin Thierry que l'on a lue plus haut :

LE MONUMENT D'AUGUSTIN THIERRY

Blois, 10 novembre.

Si les Blaisois ne se sont pas mis en grands frais pour le monument qu'ils élèvent à la mémoire d'Augustin Thierry et qu'on inaugure aujourd'hui, en revanche, ils en ont choisi à merveille l'emplacement. C'est au pied même du château, dans le joli square circulaire qui remplace les anciens fossés, que se dresse le buste offert jadis par Amédée Thierry à la ville, et que celle-ci a pourvu d'un haut socle en granit du Dauphiné. Quel est l'auteur du buste ? Les Blaisois n'en sont pas d'accord. Les uns disent Iselin, les autres Etex (1). En tout cas, le portraitiste est mort, comme le portraituré. Les Blaisois, d'ailleurs, ne sont que médiocrement satisfaits. Le beau soleil qui luit aujourd'hui, par extraordinaire, le joli pan de ciel bleu qu'on découvre par delà les combles du château ne suffisent point à les dérider.

La cérémonie sera veuve de ministre ; c'est pour les Blaisois le sujet d'une douleur aussi inconsolable que celle de Calypso. Aussi leur mécontentement se répand-il en plaintes amères et leur verve satirique s'est-elle donné libre cours. Au café d'où j'écris ces lignes, de petits va-nu-pieds viennent m'offrir une chanson intitulée *Viendra-t-il ?* et dans laquelle on dit son fait au ministre.

L'inauguration du monument a eu lieu à deux heures.

La famille d'Augustin Thierry était représentée par M. et Mme Gilbert-Augustin Thierry et leurs enfants, Mme Jacques Thierry, son fils, M. Amédée Thierry et M. Gignoux, maire de Créteil, neveu par alliance d'Augustin Thierry.

---

(1) Mais, pas du tout ! Les Blaisois sont parfaitement d'accord. Aucun doute n'est d'ailleurs possible sur ce point ; M. Iselin, l'auteur du buste, est on ne peut plus vivant.

M. Wallon, de l'Institut, retenu par une indisposition n'a pu quitter Paris.

M. Liard, directeur de l'Enseignement supérieur, représentant le Ministre de l'Instruction publique, M. Brunetière, délégué de l'Académie Française, MM. Jullien et Gauvin, députés, Bourgeois, professeur à la Faculté des Lettres de Paris, représentant l'Ecole normale, ont été reçus à la gare ce matin par MM. Guéritte, maire de Blois, Alleaume, adjoint, Belton, vice-président de la Commission du Centenaire, et Pierre Dufay, secrétaire.

La Comédie-Française, qui doit donner une représentation ce soir, est arrivée par le même train que les personnages officiels.

M. Ferdinand Brunetière a pris la parole au nom de l'Académie Française. Puis M. de Rozière a donné lecture du discours de M. Wallon, délégué par l'Académie des Inscriptions et Belles-Lettres.

M. Wallon raconte les débuts d'Augustin Thierry, l'Ecole normale, l'enthousiasme pour Chateaubriand, la collaboration au *Censeur Européen* et au *Courrier Français*. Il insiste sur un article consacré aux révolutions d'Angleterre, première esquisse de l'*Histoire de la Conquête,* qui « contient en germe bien des choses » :

D'abord, l'histoire de la conquête de l'Angleterre par les Normands, conquête qui a eu sa réaction : le peuple subjugué s'est relevé dans les communes. Mais la France aussi a été conquise par les Germains, elle a eu ses communes : communes dont la création a été rapportée aux rois, et dont la royauté s'est bien servie, mais qui sont nées plutôt de la réaction des populations, jadis conquises, contre la féodalité, issue de la conquête. Voilà une autre thèse connexe à la première et qui se développera dans les *Lettres sur l'histoire de France* et dans l'*Essai sur l'histoire de la formation et des progrès du tiers-état*.

Puis viennent l'*Essai sur l'histoire de la formation et des progrès du tiers-état*, les *Récits des temps mérovingiens*. Augustin Thierry est devenu aveugle et paralytique, puis veuf, après cinq ans de mariage. Enfin M. Wallon donne des dernières années du grand historien un récit dont on remarquera la contradiction avec les souvenirs de son neveu M. Gilbert-Augustin Thierry, que nous avons publiés hier :

... Au cours de ses longues journées, plongé dans ses méditations, il voulut se mettre en règle avec lui-même, et comme historien et comme homme. Déjà à plusieurs reprises il avait remanié ses écrits. Se méfiant des passions qui les avait inspirés à ses débuts, il n'avait pas craint d'en retrancher les traits les plus vifs, ceux qui lui avaient valu le plus de succès, se jugeant dans sa maturité d'érudit, et sacrifiant tout à ce qui lui paraissait être la vérité simple et pure. Après cela, il voulut faire encore une révision générale de ses œuvres, n'y laissant rien que sa conscience, éclairée par l'étude, ne pût avouer. Il avait retiré de l'histoire un haut enseignement pour lui-même. Que de violences, que d'intrigues, que de révolutions ! Et pourquoi ? Il trouvait d'ailleurs dans l'histoire un fait dominant : la religion. Il y voyait une religion, datant des origines de l'humanité, gardée au sein d'un petit peuple, dans un coin de la terre, jusqu'au jour où elle s'épanouit en Jésus-Christ et couvrit le monde. Il voulut revenir aux notions qu'il en avait reçues dans son enfance. De son retour au catholicisme il y a un irrécusable témoin, qu'on appellera si l'on veut, un complice : un membre de l'Académie Française, ancien élève de l'Ecole normale comme lui, sous-diacre alors, aujourd'hui évêque d'Autun.

M. Liard a remis, au nom du ministre, les palmes d'officier d'instruction publique à MM. Belton, avocat, Heuls, professeur au Collège, et les palmes académiques à MM. Brosse, professeur, Fournier, instituteur, Mlle Léonie Gallier, institutrice, Ledoux, chef de division à la préfecture.

Pour ne pas éterniser les polémiques anciennes, M. Jules Bois ne nous en voudra pas, espérons-nous, de ne point reproduire ses notes si fines et si malicieuses du *Gil Blas* du 12 novembre.

Avec quelque peu de littérature en moins, contentons-nous du *Petit Journal* :

Favorisées par un temps splendide et inespéré en la saison actuelle, les fêtes organisées en l'honneur d'Augustin Thierry ont obtenu un plein succès.

L'inauguration du buste de notre illustre compatriote a été faite à deux heures et demie.

Autour du monument avaient pris place : MM. Liard, directeur de l'enseignement supérieur, Brunetière, de l'Académie Française, de Rozière, de l'Académie des Inscriptions et Belles-Lettres, remplaçant M. Wallon, Duréault, préfet de Loir-et-Cher, Mgr Laborde, M. Guéritte, maire de Blois, MM. Dufay et Tassin,

sénateurs, Jullien, Bozérian, Ragot et Gauvin, députés. L'armée et l'Ecole normale supérieure avaient
envoyé des délégations. La famille était représentée
par MM. Gilbert Thierry et Gignoux. Une foule
considérable était massée autour du square Victor-
Hugo.

Aux accents de la *Marseillaise*, jouée par la musique militaire, et aux acclamations de l'assistance, le
voile recouvrant le buste d'Augustin Thierry tombe.
M. Guéritte, au nom de la ville, souhaite la bienvenue
aux délégués du gouvernement et aux membres de
l'Institut. M. Liard exprime les regrets de M. Combes,
ministre de l'Instruction publique, de n'avoir pu, à
raison de la constitution trop récente du cabinet,
remplir l'engagement pris par son prédécesseur
M. Poincaré. MM. Brunetière et de Rozière font
l'éloge du savant narrateur de l'*Histoire de la Conquête de l'Angleterre par les Normands,* du peintre
habile des *Temps mérovingiens*, de l'apologiste populaire des luttes généreuses de la bourgeoisie française. Leurs discours ont été chaleureusement applaudis.

Après cette solennité littéraire, le cortège officiel
s'est rendu au pavillon Anne-de-Bretagne, dans lequel la *Société des Sciences et Lettres* de Loir-et-
Cher a installé sa bibliothèque et ses collections.

Après une visite au Collège, M. Liard se rend à la
préfecture, où l'Inspecteur d'Académie lui présente le
corps enseignant. Le représentant du gouvernement
remet les palmes d'officier de l'Instruction publique à
MM. Belton, Cuper et Heuls, et les palmes d'officier
d'Académie à MM. Brosse, Ledoux, Fournier, et à

Mlle Gallier. Il remet en outre la décoration du
Mérite agricole à M. Lenormand, de Suèvres, et au
maire de Ruan (1).

Note non moins élogieuse de la part du *Petit
Parisien*, qu'un de ses rédacteurs, M. Crouzet était
venu représenter à Blois :

Blois a célébré hier le centenaire de l'un de ses
plus glorieux enfants, Augustin Thierry.

La fête a commencé à deux heures par l'inauguration du buste élevé par la ville de Blois à l'éminent
historien.

Le cortège officiel est parti de l'Hôtel de Ville pour
se rendre au square Victor-Hugo, où se dresse le
monument.

Les rues sont noires de monde. Le square présente
au moment de l'arrivée du cortège un spectacle d'un
pittoresque fini. Le ciel est doux et le soleil qui brille
radieux vient jeter une note plus gaie, donner un
ton plus vif à ce cadre de fleurs et de verdure ?

Dans le fond du parc se dresse, imposant, le vieux
château de Blois, ce berceau de la vieille France, où
vivent encore dans le cœur de tous les Blésois tant
de souvenirs de grâce et d'héroïsme.

Le buste de Thierry est vraiment superbe, drapé
avec ampleur d'une couleur très nette dans ce tableau
un peu sombre, dont la lumière vient d'en haut : le
front puissant, l'œil profondément enfoncé sous
l'arcade sourcilière, c'est bien là le penseur dans

(1) *Petit Journal*, 11 novembre 1895.

toute sa maturité et l'historien dans toute sa gloire et dans toute sa force intellectuelle.

Le piédestal est d'un effet très décoratif. Il se compose d'une colonnette de granit rose, haute de trois mètres et est dressé sur un disque bas formant socle et surgissant d'une corbeille de fleurs.

La place est pavoisée de mâts à bannières et à flammes tricolores ornés au milieu de faisceaux de drapeaux.

Des rampes de gaz ont été placées au château sur toutes les corniches du pavillon Gaston d'Orléans.

Le vestibule, l'escalier et la salle des Etats sont ornés de tentures rouges et bleues, de tapisseries magnifiques, de plantes vertes et de chrysanthèmes.

A deux heures et demie précises le voile qui recouvre le buste tombe aux accents des fanfares et des musiques, puis la série des discours commence. C'est d'abord M. Guéritte, maire de Blois, qui souhaite la bienvenue au représentant du Ministre de l'Instruction publique, M. Liard, directeur de l'enseignement supérieur ; puis M. Brunetière, au nom de l'Académie, et M. Wallon, au nom de l'Académie des Inscriptions et Belles-Lettres.

On semble regretter beaucoup ici l'absence du Ministre lui-même. M. Poincaré, l'ancien Ministre, avait promis, et son successeur n'a pu prendre le même engagement pour diverses raisons que nous n'avons pas à apprécier ici, parce qu'elles sont purement locales et pourraient donner matière à controverse.

Quoi qu'il en soit, la fête a un caractère tout à fait intime et qui doit être, à Blois, une fête consacrée à l'un de ses meilleurs enfants ; c'est moins le grand homme dont on célèbre aujourd'hui la mémoire que le Blésois au grand cœur, quelque grand-père de marbre silencieux et doux autour duquel joueront les enfants, tandis que sur les arbres voisins des oiseaux viendront s'ébattre et gazouiller.

Après l'inauguration, les invités ont successivement visité le pavillon d'Anne de Bretagne et le collège Augustin-Thierry.

Dans la soirée, un banquet, servi dans la salle des Etats, a réuni un grand nombre de convives. La fête s'est terminée par une soirée musicale et dramatique, avec le concours d'artistes de la Comédie-Française et de l'Opéra. Il y a eu ensuite embrasement du square et illumination de la façade du château (1).

Mais toute la presse parisienne devrait y passer, sans grandes variantes sur ce thème un peu usé et peu passionnant sur le boulevard, d'une inauguration en province. Deux citations encore suffiront donc: préférant clore ces comptes rendus par l'article sur *Augustin Thierry poète,* que publiait l'*Evénement* du 11 novembre 1895 :

LE MONUMENT D'AUGUSTIN THIERRY

Blois, 10 novembre.

L'inauguration du monument d'Augustin Thierry a eu lieu à deux heures.

La famille d'Augustin Thierry était représentée par M. et Mme Gilbert-Augustin Thierry et leurs en-

(1) *Petit Parisien,* 11 novembre 1895.

fants, Mme Jacques Thierry, son fils, M. Amédée Thierry et M. Gignoux, maire de Créteil, neveu par alliance d'Augustin Thierry.

M. Liard, directeur de l'enseignement supérieur, représentant le ministre de l'instruction publique, M. Brunetière, délégué de l'Académie française, MM. Jullien et Gauvin, députés, Bourgeois, professeur à la Faculté des lettres de Paris, représentant l'Ecole normale, ont été reçus à la gare par MM. Guéritte, maire de Blois, Alleaume, adjoint, Belton, vice-président de la commission du centenaire, et Pierre Dufay, secrétaire.

La Comédie-Française, qui doit donner une représentation, est arrivée par le même train que les personnages officiels.

M. Ferdinand Brunetière a pris la parole au nom de l'Académie française. Puis M. de Rozière a donné lecture du discours de M. Wallon, délégué par l'Académie des inscriptions et belles-lettres.

M. Wallon raconte les débuts d'Augustin Thierry, l'Ecole normale, l'enthousiasme pour Chateaubriand, la collaboration au *Censeur européen* et au *Courrier français*. Il insiste sur un article consacré aux révolutions d'Angleterre, première esquisse de l'*Histoire de la conquête*, qui « contient en germe bien des choses ».

Puis viennent l'*Essai sur l'histoire de la formation et des progrès du tiers-état*, les *Récits des temps mérovingiens*. Augustin Thierry est devenu aveugle et paralytique, puis veuf, après cinq ans de mariage (1).

(1) *Petite République,* 12 novembre 1895.

Hier a eu lieu, à Blois, l'inauguration du buste d'Augustin Thierry, élevé dans le square Victor-Hugo, à l'occasion du centenaire de l'éminent historien. La cérémonie a été favorisée par un beau temps. Deux estrades avaient été élevées dans le square pour la famille et les autorités. Le maire a présenté le monument, puis M. Liard, directeur de l'enseignement supérieur, délégué par le ministre, a prononcé un discours, ainsi que M. Brunetière, au nom de l'Académie française, et M. de Rozière, sénateur, au nom de l'Académie des inscriptions et belles-lettres.

M. Liard a visité ensuite le collège et a reçu le personnel de l'enseignement à la préfecture. Il a remis les palmes d'officier de l'Instruction publique à MM. Belton, bâtonnier de l'ordre des avocats, et Heuls, professeur au collège ; il a conféré les palmes d'officier d'Académie à MM. Brosse, professeur ; Ledoux, chef de division à la préfecture ; Fournier, instituteur ; Mme Gallier, institutrice.

Le soir, à six heures, avait lieu un grand banquet au château de Blois (1).

AUGUSTIN THIERRY POÈTE

Le grand historien dont Blois célèbre en ce moment le centenaire — il y naquit en 1795 — celui que Chateaubriand appelle l'Homère de l'histoire et qui a mis tant de poésie dans ses récits du passé, a-t-il fait, en réalité, œuvre de poète ?

Si l'on consulte la collection de ses œuvres, la réponse sera négative ! Et cependant, en cherchant

____

(1) *Le Jour*, 12 novembre 1895.

bien, on peut trouver jusqu'à trois pièces de poésie signées de l'auteur des *Récits des temps mérovingiens*. Toutes trois ont été composées à une époque doulou-reuse de la vie d'Augustin Thierry, dans les années qui suivirent le malheur qui frappa le célèbre écri-vain et dans des circonstances qui méritent d'être contées.

On sait que la cécité atteignit Augustin Thierry à trente-deux ans — en 1827 — c'est-à-dire dans la force de l'âge. Un peu pour le distraire, dans l'espé-rance aussi de lui voir recouvrer une santé fortement ébranlée par des veilles prolongées et un labeur con-sidérable, les médecins lui conseillèrent de quitter Paris et d'aller passer l'hiver dans un climat plus doux.

Augustin Thierry partit pour le Midi et s'installa à Carqueiranne, non loin d'Hyères, où l'on conserve encore le souvenir de ce jeune aveugle, déjà illustre, entouré du respect et de la sympathie universels.

Dans la rare société d'amis qui venaient distraire l'historien aveugle, se trouvait une jeune fille d'un caractère aimable et enjoué, Mlle A..., appartenant à une famille aisée d'Hyères. Son cœur de femme s'émut à la vue de la tristesse résignée d'Augustin Thierry, et elle chercha à lui faire oublier son mal-heur par ces mille soins et ces attentions délicates si naturels au cœur féminin.

Augustin Thierry fut profondément touché de la sollicitude dont il était l'objet de la part de cette jeune fille et bientôt une tendre affection unit la con-solatrice et l'affligé. Dans leurs courses au bord de la mer, l'historien entendant un jour un chant de pê-

cheurs, voulut traduire dans la langue des dieux la
poésie qui parlait en son âme et il dicta à sa jeune
amie les strophes d'une barcarolle qui se termine
ainsi :

> Fuis, ma barque légère,
>   Doucement.
> Laisse-moi voir la terre
>   Un moment ;
> Mais, vers la fin du jour,
> Marche, marche plus vite ;
> Vers celle que je quitte,
> Abrège mon retour.

La seconde de ses poésies est une sorte de chant de
tristesse, dicté dans un moment de cruelle amertume
au souvenir de son infirmité.

Quant à la troisième, elle révèle la fin du roman
qui avait, durant quelques mois, retenu à la vie le
désespéré. Thierry avait demandé à la famille de
Mlle A... la main de celle qu'il aimait. Pour des
raisons facilement devinées, ce consentement fut
refusé et une cruelle séparation s'ensuivit.

Augustin Thierry souffrit vivement de cette dé-
ception ; son cœur meurtri exhala ses plaintes en une
cantate à deux voix où il fait entendre tour à tour les
conseils de la raison et les désirs de son âme. Cette
pièce intéressante, que j'ai retrouvée dans les cartons
de la Bibliothèque nationale, mérite d'être exhumée,
non que la poésie en soit très belle, mais à cause de
l'élévation des sentiments dont elle est empreinte :

Elle a pour titre : *La voix de la terre et la voix
d'en haut.* En voici quelques strophes :

. . . .

LA VOIX D'EN BAS

Ce ne sont point les plaisirs de ce monde,
Ses vanités ni son vil intérêt,
Ni la richesse en dégoûts si profonde,
Qui dans mon cœur éveillent un regret ;
Mon seul souhait, le rêve de ma vie,
Etait d'avoir, dans un simple réduit,
Une compagne, une épouse, une amie
Et je perds tout, si ce rêve me fuit.

LA VOIX D'EN HAUT

Laisse-le fuir, ce rêve d'un autre âge,
Ou garde-le comme un vain souvenir !
Car, s'ils sont doux, les nœuds du mariage,
C'est pour celui qui voit un avenir !
Ne songe plus aux filles de la terre,
A leur faiblesse il faut un protecteur !
Plus faible encor, que peux-tu pour leur plaire ?
Peux-tu promettre et donner le bonheur ?

. . . .

LA VOIX D'EN BAS

Oui, j'abandonne une erreur trop chérie !
J'obéirai sans murmure à ta loi.
J'écouterai cette voix qui me crie :
« Ne pleure pas, homme, résigne-toi ».
Vous tous que j'aime et qui m'appelez « frère »,
Entourez-moi, serrez-moi dans vos bras,
Je n'ai que vous, que vous seuls sur la terre !
Oh ! mes amis ! ne m'abandonnez pas !

« Ce rêve d'un autre âge », Augustin Thierry le vécut quelques années plus tard. Il rencontra en 1831, aux eaux de Luxeuil, une jeune fille d'une haute intelligence et d'une grande distinction, Mlle de Quérangal, qui devint sa compagne aimante et sa collaboratrice dévouée jusqu'au jour où la mort l'enleva à l'illustre historien (1).

Georges LAUNAY.

(1) M. Georges Launay sait-il qu'Augustin Thierry ne méprisait pas non plus la parodie. Témoin cette note amusante que nous relevons dans Sainte-Beuve :

« Il y a un vers de M. de Laprade qui exprime bien l'excès de son système, de son naturalisme métaphysique ; c'est quand il dit à un chêne :

Pour ta sérénité je t'aime entre nos frères !

Ce qu'Augustin Thierry parodiait de la sorte, s'adressant à une citrouille :

Pour ta rondité je t'aime entre nos sœurs ! »

SAINTE-BEUVE. — *Causeries du Lundi*, 9 février 1852 — *De la poésie et des poètes)*, tome V - page 394 — note — *in fine*.

AUGUSTIN THIERRY ET L'ÉGLISE

Avant même la célébration du Centenaire, dès le
15 octobre 1895, M. H. Chérot, de la Compagnie de
Jésus, s'était fait l'écho, dans les *Etudes religieuses,
philosophiques et littéraires,* des faits rapportés dans
la *Vie de M. Hamon,* curé de Saint-Sulpice, concer-
nant la prétendue conversion d'Augustin Thierry.

La place nous manque pour reproduire, ne fût-ce
qu'en partie, cette longue étude qui, si travaillée et
documentée qu'elle soit, ne laisse pas d'être peu probante et est, à vrai dire, consacrée autant à la glorifi-
cation d'Aubineau et de l'abbé Gorini, qu'à celle de
Thierry.

L'on a pu voir aux pages 118 et 119 de ce volume
la foi qu'ajoute M. Gilbert-Augustin Thierry, le neveu même du grand historien, à cette prétendue conversion, puisque ce fut tout juste si les espérances du
curé de Saint-Sulpice n'aboutirent pas à un scandale
et au pire, le scandale devant un cercueil (1).

---

(1) Il ne nous appartient pas de faire l'éloge, après **MM.** Ernest
Daudet et Jules Bois, du délicat et original écrivain qu'est **M.** Gilbert-
Augustin Thierry.

Ces quelques lignes, détachées d'une causerie littéraire de **M.** Jules
Lemaître, dans la *Revue Politique et Littéraire* (8 décembre 1888), au
lendemain de la publication de *Tresse blonde,* donnent une idée de la
« tentative littéraire nouvelle » que venait de faire M. Gilbert-Augustin
Thierry et sont suffisamment élogieuses pour trouver place ici :

« L'histoire d'une famille peut exiger des siècles et des siècles pour
que le drame moral y soit complet : *patiens quia æternus.* Et dès lors
ces choses sont hors de notre prise — Précisément. — Oui, mais cette

Mgr Perraud, évêque d'Autun, ne fut pas sans s'émouvoir, on le comprend, de ces déclarations faites à M. Thiébault-Sisson par M. Gilbert-Augustin Thierry au cours de cette interview, et par une lettre rendue publique, à M. Wallon, appuya de son autorité les dires de M. Chérot concluant à la conversion du grand historien.

En voici le texte :

Autun, le 17 novembre 1895.

Mon cher ancien et très vénéré Maître,

L'hommage si éloquent et véridique rendu par vous, le 10 novembre, à la mémoire d'Augustin Thierry, me donne l'occasion de revenir sur les relations que j'ai eues avec lui et que vous avez très obligeamment rappelées dans la péroraison de votre beau discours.

J'ai le devoir d'y insister, puisque le narrateur d'une *interview* publiée par le journal *le Temps*, le jour même où avait lieu la cérémonie de Blois, a infirmé mon témoignage, et qualifié de « *prétendue* » la conversion aux idées chrétiennes du célèbre historien. A l'en croire, Augustin Thierry serait demeuré jusqu'à la fin « dans l'indépendance de pensée dont il avait fait preuve toute sa vie. »

obscurité même nous permet tous les rêves. Le roman de M. Gilbert-Augustin Thierry est un rêve horrible et édifiant à la fois de métempsychose hindoue. Mais la pensée d'où il est éclos a un tel caractère de beauté morale, et en même temps les circonstances extérieures où il se déroule ont un tel air de réalité, qu'on est tenté de se demander : Pourquoi pas ? C'est ce qu'a voulu M. Augustin Thierry. Je tiens donc son livre pour excellent. »

A ces assertions, se trouvent mêlées des insinuations assez malveillantes sur le rôle qu'auraient rempli auprès d'Augustin Thierry deux prêtres très respectables, M. Hamon, curé de Saint-Sulpice, et le P. Gratry. Comme ils ne sont plus là pour s'expliquer et se défendre, on ne sera pas surpris que je me charge de ce soin.

Je pourrais d'abord opposer à l'article en question un témoignage d'ordre intime et domestique dont la valeur ne saurait être contestée. L'honorable M. Gignoux, ancien attaché au ministère des finances, actuellement maire de Créteil, a épousé en 1855 la nièce d'Augustin Thierry, cette nièce que son oncle aveugle avait fait venir auprès de lui dès 1847 et qui fut (je cite M. Gignoux lui-même) « son Antigone jusqu'à sa mort. » Or, dans une lettre rendue publique le 21 octobre dernier, M. le maire de Créteil, neveu par alliance de l'historien, mentionne très explicitement « le retour d'Augustin Thierry à la foi catholique » et m'invite à donner des détails sur ce retour.

Je ne puis que confirmer à cet égard la véracité de ceux que je publiais il y a trois ans (1).

J'y ajouterai toutefois une circonstance que j'avais omise. Non seulement pendant deux ans, de 1854 à 1856, j'allais chaque dimanche chez Augustin Thierry et, sur sa demande expresse, je lui lisais la liturgie de la messe. Mais, au printemps de 1855, pour déférer à un désir qu'il avait exprimé, la messe fut dite une fois dans son appartement, en vertu d'une autorisation exceptionnellement accordée par Mgr Sibour,

____

(1) Dans mon petit volume écrit : *A propos de la mort et des funérailles d'Ernest Renan* (Paris, 1892, pp. 13 à 24).

archevêque de Paris. Ce fut le P. Gratry qui la
célébra ; je n'étais encore que diacre, je la servis.

Pour établir qu'il n'y eut pas de « conversion », au
sens vrai et complet du mot, on rappelle qu'Augustin
Thierry, surpris par une congestion cérébrale dans la
nuit du 20 mai 1856, mourut sans avoir repris connaissance et, par conséquent, sans avoir pu accomplir
les devoirs religieux imposés aux catholiques.

A supposer (ce qui est très possible et ce dont je ne
puis rien dire) que les visites antérieures de M. le
curé de Saint-Sulpice à son paroissien n'eussent pas
encore abouti à ce résultat, serait-on pour cela en
droit de traiter de « prétendue » la conversion d'Augustin Thierry et de montrer là une sorte de légende,
inventée de toutes pièces par des prêtres, intéressés à
confisquer et à exploiter au profit de leur cause l'autorité d'un homme aussi considérable ?

En aucune façon ; et il importe ici de démêler une
équivoque dont on abuse pour nier le changement ra-
dical qui s'était opéré dans les idées, les sentiments,
les dispositions de l'auteur des *Récits mérovingiens*.

Aurait-il eu le tort et le malheur de remettre à un
lendemain qui ne lui appartenait pas les actes religieux qui sont comme le couronnement du retour de
l'âme à la vie de la foi ? Cette question très délicate
de conscience ne pourra jamais être élucidée, puisque
les prêtres qui voyaient alors Augustin Thierry sont
morts. Le secret de la tombe pèse sur ce problème.
Dieu seul pourrait le résoudre.

Mais, encore une fois, j'admets qu'il en ait été
ainsi ; et que, comme il arrive malheureusement à un
trop grand nombre d'hommes, Augustin Thierry ait

mal à propos compté sur l'avenir et différé de s'acquitter des devoirs positifs dont la religion catholique impose l'obligation aux fidèles. Dans ce cas, il y aurait lieu de gémir sur ces délais ou ces inconséquences très regrettables. Mais, s'en prévaloir pour oser soutenir que « jusqu'à la fin, Augustin « Thierry est demeuré dans l'indépendance de pensée « dont il avait fait preuve toute sa vie », c'est aller de la façon la plus directe contre la vérité, et, ici je proteste formellement.

Oui, je proteste, parce que, en plusieurs circonstances, s'adressant soit au P. Gratry, soit à moi (et j'omets d'autres paroles analogues qu'il a pu dire à M. le Curé de Saint-Sulpice), Augustin Thierry a nettement déclaré qu'il était « un rationaliste fatigué ; « qu'il se soumettait à l'autorité de l'Eglise, croyait « ce qu'elle enseigne et recevait le *Credo* (1) ». Que peut-on dire de plus explicite ?

J'en appelle à tout homme de bonne foi. A moins de supposer que le P. Gratry et moi avons menti, et menti avec impudeur, quand nous avons cité ces déclarations ou d'autres semblables, est-il permis de dire que leur auteur « est demeuré jusqu'à la fin dans

l'indépendance de pensée dont il avait preuve toute « sa vie ? »

Si la conversion à la foi est, avant tout, un retournement de l'intelligence qui rompt avec l'incrédulité rationaliste pour se soumettre, par le motif d'une religieuse obéissance, à l'autorité de l'Église,

(1) Ces paroles entre guillemets sont textuelles. (Voir la note insérée par le P. Gratry à la fin de sa préface de *la Connaissance de l'âme*, 4ᵉ édition, t. I, pp. xxvii et xxviii.

où trouver une conversion plus catégorique et plus
nettement articulée ? En présence d'une telle évolution, que devient, je le demande, « cette indé-
« pendance de pensée qui aurait persévéré jusqu'à la
« fin ? »

Je vais plus loin et ici, c'est moi qui vais prendre
la défense d'Augustin Thierry, de son honneur, de
sa loyauté, contre les maladroits apologistes de sa
prétendue persévérance dans son rationalisme.

Si Augustin Thierry est demeuré jusqu'au bout le
libéral systématiquement étranger à l'idée religieuse,
tel qu'il avait été au temps de sa jeunesse, sous la
Restauration, que signifie cette pratique, assidûment
maintenue pendant deux ans, de l'audition hebdo-
madaire des prières de la messe ? Jouait-il donc la
comédie, cet écrivain dont la probité historique n'a
jamais été mise en doute ? Est-ce par un calcul hypo-
crite qu'il disait un jour à son ami, M. Mignet, entré
dans la maison avant que j'eusse complètement achevé
mon office : « Oui, on vient de me lire les prières de
« la messe ; et sans ma paralysie qui me cloue sur ce
« fauteuil et m'empêche absolument de sortir, j'irais
« l'entendre. » Est-ce là, je le demande encore, le
propos d'un rationaliste impénitent ?

On a parlé avec un dédain affecté de ce ministère
de lecteur que, jeune sous-diacre, j'allais remplir
auprès du pauvre infirme. J'aurais été « amené » dans
la maison : « parce qu'il fallait faire des lectures latines
à l'historien. » C'est se donner bien de la peine pour
fausser le sens d'un fait aussi simple que démonstra-
tif. Si je fus introduit chez M. Augustin Thierry, c'est
parce qu'il avait lui-même exprimé le désir qu'on eût

la charité d'aller lui faire chaque dimanche une lecture religieuse. Ainsi que je l'ai dit dans le petit volume précédemment cité, quand je me présentai pour la première fois auprès du grand historien que je n'avais pas l'honneur de connaître encore, je m'attendais à ce qu'il me demanderait des lectures littéraires, tout en roulant sur des sujets religieux. Quand il m'eut prié de lire les prières de la messe, en latin, je crus que c'était une curiosité qui, une fois satisfaite, se porterait ensuite sur d'autres objets. Or, je le répète, pendant deux ans, je n'ai jamais lu autre chose à mon auditeur que la liturgie de la messe, en commençant par l'*Introibo ad altare Dei*, pour finir par l'évangile de saint Jean. Peut-on prétendre que l'homme qui écoutait ces prières chaque dimanche, avec une attention si respectueuse, parfois si émue, était demeuré un disciple de Voltaire?

Pour moi qui, durant ces deux années, ai pratiqué assidûment ce grand homme et l'ai entendu s'expliquer avec une si honorable humilité sur les préjugés qui, pendant longtemps, l'avaient retenu éloigné de l'Eglise, il ne saurait y avoir sur ce point matière au plus petit doute. Alors même qu'une mort subite l'aurait empêché de se confesser, je dis que ses actes antérieurs, maintenus avec tant de constance pendant un si long espace de temps, demeurent la preuve péremptoire d'un « retour à la foi catholique. »

Ce sont les expressions mêmes dont se sert M. Gignoux, le neveu par alliance de M. Augustin Thierry, le mari de « l'Antigone » dévouée qui veillait avec tant de sollicitude sur les infirmités de son oncle et qui, sans doute, m'a souvent vu venir dans la petite et célèbre maison de la rue Montparnasse.

En dépit de toutes les dénégations qui se produisent à cette heure et qui pourraient bien n'être pas désintéressées, j'affirme que ces expressions sont de la plus rigoureuse exactitude.

Quant à vous, mon cher et vénéré Maître, vous avez mis le sceau de la vérité historique sur cette démonstration qui, grâce à vous, ne sera plus contestée.

Rien ne résume d'une façon plus précise le travail accompli dans l'âme d'Augustin Thierry pendant les dernières années de sa vie ; rien ne me rappelle mieux ses épanchements de cœur qui intervenaient dans ses conversations avec moi, que ce que vous avez dit avec votre exactitude et votre précision ordinaires, à la fin de votre discours de Blois.

Je ne saurais mieux conclure cette trop longue lettre qu'en vous demandant la permission de vous citer. Mes lecteurs y gagneront beaucoup et je serai heureux de contribuer à répandre la connaissance de cette page émouvante :

« Augustin Thierry trouvait dans l'histoire un
« fait dominant : la Religion. Il y voyait une
« religion, datant des origines de l'humanité, gardée
« au sein d'un petit peuple, dans un coin de la terre,
« jusqu'au jour où elle s'épanouit en Jésus-Christ et
« couvrit le monde. Il voulut revenir aux notions
« qu'il en avait reçues dans son enfance (c'est-à-dire)
« au catholicisme...... »

« Ses sentiments religieux ne se renfermaient pas
« dans son intérieur. Je n'oublierai jamais avec quel
« accent il citait un jour dans son salon, à propos de

« l'instabilité des choses humaines, ces versets du
« Psalmiste, parlant du Créateur de la terre et des cieux :
« *Ipsi peribunt ; tu autem permanes. Et omnes sicut*
« *vestimentum veterascent ; et sicut opertorium*
« *mutabis eos et mutabuntur. — Tu autem idem*
« *ipse es et anni tui non deficient* (1).

« Comme c'est beau ! s'écriait-il, et il répétait :
« *Et sicut opertorium mutabis eos et mutabuntur.*
« *Tu autem idem ipse es et anni tui non deficient.*

« C'est vers cette éternité que notre grand historien
« portait ses regards au déclin de la vie. Il ne lui
« suffisait pas de l'immortalité viagère que donne
« l'Institut, ou de celle que promet la gloire dans
« les générations humaines : *Ipsi peribunt.* Il aspirait
« à l'immortalité qui repose en Celui dont le Psal-
« miste a dit : *Tu autem idem ipse es et anni tui non*
« *deficient.* »

Ce splendide témoignage restera, mon cher Maître,
et c'est ce dont tient à vous remercier très vivement,
pour sa part, au nom des droits de la vérité, et aussi
de la juste renommée de l'homme qui voulut bien
l'admettre dans son intimité au temps lointain de sa
jeunesse,

Votre ancien et reconnaissant élève de la promotion
normalienne de 1847.

✝ Adolphe-Louis,
Evêque d'Autun.

De son côté, à la suite de la publication de cette
lettre, M. Ernest Daudet faisait passer dans le *Figaro*

______

(1) Ps. CI

du 24 novembre 1895, cette note par laquelle, revenant sur son article du 10 novembre (1), il concluait, comme Mgr Perraud, à la conversion d'Augustin Thierry :

A PROPOS D'AUGUSTIN THIERRY

A la suite des articles auxquels a donné lieu l'inauguration du monument élevé par la ville de Blois à la mémoire d'Augustin Thierry, Mgr Perraud vient de publier une lettre qu'il adresse à M. Wallon, de l'Institut, auteur de l'un des discours prononcés à cette occasion.

Cette lettre contient à la fois un remerciement et une rectification ; la rectification est destinée à ceux qui ont nié ou paru mettre en doute la conversion d'Augustin Thierry ; le remerciement est pour M. Wallon qui seul, selon Mgr Perraud, a dit la vérité.

Je dois à l'éminent évêque de mentionner sa lettre. Elle me fournit l'occasion de rectifier l'erreur que dans un article paru ici, sur la foi de renseignements que, vu leur origine, je n'avais pas cru devoir contrôler, j'ai moi-même commise.

Cette erreur m'avait été signalée au lendemain de mon article et de tant de côtés que, sans savoir que Mgr Perraud prendrait la parole, j'avais procédé à une enquête. Cette enquête, en voici les résultats, confirmés maintenant par la lettre que je signale :

En 1854, Augustin Thierry pria ses voisins les

(1) Voir page 124.

PP. Pététot et Gratry, supérieurs de l'Oratoire, de lui envoyer chaque dimanche un des membres de leur Congrégation afin de lui faire « une lecture religieuse ». Ils désignèrent à cet effet, un diacre, l'abbé Perraud, l'évêque d'aujourd'hui, ancien élève de l'Ecole normale et agrégé d'histoire.

— Monsieur l'abbé, lui dit Augustin Thierry après l'avoir salué, veuillez me dire les prières de l'ordinaire de la messe.

Le jeune prêtre obéit, au grand contentement du vieillard qui l'écouta religieusement, ne l'interrompant que pour s'écrier :

— Que c'est beau ! Que c'est grand ! Que c'est profond !

Pendant deux ans, l'abbé Perraud vint ainsi, tous les dimanches, remplir auprès du glorieux aveugle ce pieux devoir.

Il advint ensuite qu'Augustin Thierry désira que cette messe dont on lui donnait lecture fût célébrée pour lui, et comme sa cécité et sa paralysie le condamnant à la réclusion, elle ne pouvait l'être que dans son appartement, le P. Gratry obtint de l'archevêque de Paris, Mgr Sibourg, la permission de venir la lui dire une fois. C'était au printemps de 1855. L'abbé Perraud servit cette messe.

Entre temps, Augustin Thierry avait eu avec le P. Gratry des entretiens que celui-ci a reproduits.

— Je suis un rationaliste fatigué qui me soumets à l'autorité de l'Église, lui disait-il. Je vois les faits. Je vois par l'histoire la nécessité manifeste d'une autorité divine et visible pour le développement de l'autorité du genre humain. Or, tout ce qui est en dehors du christianisme ne compte pas. De plus, tout ce qui est en dehors de l'Église catholique est sans autorité. Toutes les sectes ne sont qu'oubli, mépris, négation de l'histoire. Dans l'Église catholique est l'autorité que je cherche et je m'y soumets. Je crois ce qu'elle enseigne : Je reçois le *Credo*.

Une autre fois, le P. Gratry présent, Augustin Thierry le désigna au curé de Saint-Sulpice, en disant à celui-ci :

— Monsieur le curé, je vous prends à témoin qu'aujourd'hui j'institue et installe M. l'abbé comme mon directeur de conscience. C'est lui qui maintenant répondra de moi.

De plus en plus, au fur et à mesure qu'il touchait à la fin de sa vie, son langage exprimait avec plus de force encore le même état d'âme.

Enfin, il n'est pas moins certain que, trois jours avant sa mort, il reçut des mains du P. Pététot l'absolution, puis l'extrême-onction en présence de son frère Amédée Thierry et du P. Gratry. Il était engourdi déjà, mais non assez, semble-t-il, pour ne pouvoir protester si les derniers sacrements lui eussent été administrés contre sa volonté. Au reste, alors que depuis dix ans sa transformation religieuse s'opérait dans les conditions que je viens d'indiquer, on ne saurait croire qu'il ne désirait pas se réconcilier entièrement avec l'Eglise.

Ces faits sont indéniables. Nous en avons pour preuves l'affirmation écrite de feu le P. Gratry et la parole de Mgr Perraud. Il ne peut donc exister de doute que sur la question de savoir comment il convient de les interpréter. Mais, pour moi, cette question n'est pas douteuse et il faut conclure desdits faits que notre grand historien national est mort converti (1).

Ernest DAUDET.

Malgré tout le respect qui est dû tant à Mgr Perraud qu'à M. Wallon, l'on peut dire, sans vouloir prendre parti, que la lumière n'est point faite sur ce point.

Quoi qu'il lui en ait pu coûter comme catholique, M. Gilbert-Augustin Thierry, pour clore ce douloureux débat, ne tarda point en effet à adresser au *Figaro* cette autre lettre, que nous reproduisons également, sans y joindre aucun commentaire :

A PROPOS

DE LA

CONVERSION D'AUGUSTIN THIERRY

Monsieur le Rédacteur en chef,

J'ai recours à vous, et viens demander, pour les lignes qui vont suivre, la bienveillante et impartiale hospitalité du *Figaro*. Par respect pour la mémoire d'Augustin Thierry, comme par souci de ma dignité personnelle, je crois devoir relever certaines insinuations tout à fait inexactes, dont, ici même, M. Ernest Daudet s'est fait l'interprète, d'une façon aussi bizarre qu'inattendue.

A la suite d'une conversation par moi tenue avec l'un des plus distingués écrivains du *Temps*, M. Thiébault-

(1) Le *Figaro*, 24 novembre 1895.

Sisson — interview publiée et dont je reconnais le
sens général, mais dont la rédaction ne m'appartient
pas — je suis accusé par diverses revues ultra-catho-
liques de m'être absolument mépris sur les intimes
pensées et sur les sentiments suprêmes d'Augustin
Thierry. Mieux encore, le protestantisme génevois
éprouve le besoin — lui aussi — de faire son petit
manifeste et le *Journal de Genève* déclare tenir d'un
« aimable correspondant » une phrase extraite d'une
lettre d'Augustin Thierry où l'éminent historien
parle : « de la foi comme d'un port qu'il voudrait
atteindre. »

Permettez-moi de répondre ici, brièvement, aux
uns comme aux autres.

Si par le mot de « conversion » on a voulu dire
l'évolution philosophique d'un puissant esprit se
dégageant peu à peu des étroitesses du rationalisme
voltairien, comprenant les grandeurs comme les
beautés du catholicisme, sachant enfin apprécier
l'action bienfaisante et civilisatrice de l'Église durant
le moyen âge, je n'ai rien à objecter : les corrections
auxquelles l'auteur de la *Conquête de l'Angleterre* a
volontairement soumis son livre sont la preuve de
cette conversion d'un penseur, d'un historien, d'un
artiste.

Mais si, par le mot de « conversion », on veut entendre le désaveu du consciencieux labeur de toute
une vie, la rétractation d'une œuvre admirable, l'humiliation sans réserve d'une sainte et noble fierté, une
sorte de *mea culpa* d'un pénitent qui s'accuse d'ignorance et d'erreur, — je nie cette abjuration du tout

soi-même chez Augustin Thierry, et j'ai le devoir de
la nier.

Reste la délicate question, maintes fois soulevée :
« l'accomplissement » de certains « devoirs religieux ».
Aux derniers temps de sa vie douloureuse, Augustin
Thierry se faisait il lire, chaque dimanche, l'office de
la messe ; bien plus, cette messe aurait-elle été célébrée dans sa chambre de malade ? J'avoue qu'après
une étude attentive du brouillon de sa correspondance durant les annnées 1854, 55 et 56 — correspondance que je crois posséder tout entière — et
après le dépouillement d'un curieux journal où, paralysé, il relate et dicte lui-même jusqu'aux plus intimes détails de ses journées, je n'ai trouvé aucune
mention ni de ces messes, ni même de ces pieuses
lectures. Omission, on me le concédera, au moins
bizarre — surtout lorsque je n'ai pu découvrir en
toute la correspondance que deux lettres adressées au
R. P. Gratry, lettres simplement empreintes d'une
froide politesse, et pas une seule écrite au curé de
Saint-Sulpice, feu M. l'abbé Hamon. Quant au
P. Lescœur, qui brusquement vient nous produire
un étonnant récit, son affirmante personnalité ne se
trouve relatée nulle part. Et pourtant, au dire de certaines revues, deux de ces respectables prêtres auraient
été « les meilleurs amis... les assidus... les plus intimes confidents du glorieux aveugle. » Non, je n'ai
rien ou presque rien découvert ; mais en revanche, à
chaque ligne du journal dont j'ai parlé plus haut, je
vois revenir les noms du frère d'Augustin, mon vénéré père, Amédée Thierry, et celui de leur vieil
ami Henri Martin, désignés tous deux pour exécu-

teurs testamentaires. Ceux-là surtout furent, selon moi, « les intimes, les assidus, les confidents » de la dernière heure, et c'est de leur bouche que j'ai pu recueillir de formelles réserves sur ce qu'ils ont toujours considéré comme une simple hypothèse.

Sa correspondance et son journal, telles sont les seules révélations sur soi-même que nous a transmises l'auteur des *Récits mérovingiens*, et, je le répète, on n'y lit aucune mention ni de cérémonies, ni de lectures dominicales. Mgr l'évêque d'Autun, cependant, nous déclare aujourd'hui qu'il eut l'occasion de faire à l'illustre malade plusieurs de ces saintes lectures et même qu'il a, comme sous-diacre, servi une messe célébrée dans la chambre du paralytique... Devant la solennité d'une pareille affirmation, un peu surpris, je n'ai qu'à m'incliner respectueusement.

Quant à « l'aimable correspondant » du *Journal de Genève*, qui me prend à partie en des termes qui voudraient être discourtois, il eût sagement agi en s'abstenant de paraître dans une polémique où il n'avait que faire. La lettre d'Augustin Thierry, dont il cite quelques mots, existe en effet ; elle est de 1853 et est adressée à un ami, M. D..., personnage alors d'importance dans la ville de Genève et piétiste très ardent. Seulement, cette lettre doit faire allusion à certaines démarches, aussi indiscrètes que mystérieuses, tentées par des pasteurs pour amener un découragé de la vie aux sèches consolations de la Foi, comprise selon Calvin. Il y a là tout un curieux roman que je me propose de faire connaître un jour. L'éminent historien eut maintes fois à défendre son repos et à écarter d'importunes obsessions. Il goûtait peu, d'ailleurs, la Réforme du xvie siècle et, volontiers, en d'intimes épanchements, traitait le protestantisme de « communion insurgée contre la tradition des siècles », de « fraction de l'Eglise qui se raidit sans cesse pour paraître l'Eglise elle-même », bref « de chose à la fois contrainte, guindée et puérile. » (Lettre à la princesse Belgiojoso, 1852). Certes on a souvent discuté, on discutera longtemps encore sur l'étendue de l'évolution opérée par Augustin Thierry vers l'attirante Idée chrétienne et catholique ; mais un fait indéniable, c'est qu'il a toujours repoussé les assauts que trop fréquemment livrèrent à son âme les missionnaires — de toutes robes — convertisseurs au protestantisme. Voilà ce qu'il me fallait dire au *Journal de Genève* et aux « aimables correspondants », ses anonymes collaborateurs.

Et maintenant, je tiens à déclarer que je refuse désormais de répondre à toute insinuation, comme à toute attaque — d'où qu'elles partent. J'estime qu'il y a une sacrilège profanation à venir troubler, après quarante ans, le repos d'un grand mort, et à vouloir violer le secret de conscience qu'un honnête homme a emporté dans son tombeau.

Chrétien et catholique moi-même, j'ai pourtant la conviction, en combattant aujourd'hui un douloureux combat, d'avoir accompli mon devoir.

J'assume la responsabilité de toutes les déclarations qui précèdent — mais de celles-là seulement (1).

Gilbert-Augustin THIERRY.

(1) *Le Figaro.* — Lundi 2 Décembre 1895.

AUGUSTIN THIERRY

APPRÉCIÉ

Par ARMAND BASCHET

Laissons là, suivant le désir de M. Gilbert-Augustin Thierry, ce débat douloureux ; et, après tant de jugements reproduits ici sur l'illustre historien, qu'il nous soit permis d'en reproduire un dernier, dû à la plume d'un Blaisois pur sang dont la mémoire est encore chère au cœur de tous, et dont le nom, mieux que maints autres serait à sa place, sur la plaque d'une de nos rues, nous voulons dire Armand Baschet.

Le *Loir-et-Cher historique* (1) a fait œuvre pie en exhumant ces pages de l'*Auxiliaire breton*, qui se publiait à Rennes en 1853, et où elles dormaient oubliées. Aucun nom, attristés que nous sommes par la nouvelle qui nous parvient à l'instant de la mort de M. Dupré (2), ne pouvait plus à notre gré clore ce volume et ces deux noms, nous sommes heureux de les associer ici en un commun hommage.

On ne saurait trop le redire, le privilège inaliénable du XIXe siècle, pour ce qui tient aux choses de l'esprit

---

(1) *Le Loir-et-Cher historique, archéologique, scientifique, artistique et littéraire* — 15 septembre 1895.

(2) Voir pour les travaux de M. Dupré, notre article du *Progrès de Loir-et-Cher*, du 2 février 1896.

et de la pensée, c'est la manière dont il a compris l'histoire des temps écoulés, c'est la manière dont il l'a écrite, c'est le besoin qui l'a tourmenté d'aller au devant de la vérité et de lui donner asile dans les livres et les œuvres composés par ses contemporains.

Faisons bénévolement un retour sur le passé. Jetons nos regards sur la période des historiens existant avant l'ère de 89. Que voyons-nous ? Très peu d'esprits nés pour entrer patiemment et vaillamment sur le domaine des faits, dans le but de composer ensuite, avec le concours d'une synthèse élevée, une œuvre historique vraiment éclairée, vraiment puissante, et surtout impartiale.

Entendons-nous cependant, et ne cherchons pas à guerroyer avec frivolité à l'endroit de questions qui d'ailleurs sont sérieuses, et rendons hommage aux talents qui préparent comme aux talents qui composent.

Si le xix° siècle a si bien édifié, c'est que le xvii° et le xviii° lui ont apporté d'énormes documents, de solides matériaux ; c'est qu'ils lui ont voituré — je ne recule pas devant ce mot — les bases sur lesquelles, à son tour, il devait élever l'édifice.

Les immenses et respectables travaux des Bénédictins de la Congrégation de Saint-Maur, de l'Oratoire, esprits justes et loyaux, que ne dévoraient nul esprit d'intrigue et nulle idée turbulente, esprits voués à la conservation et à la collection intacte des textes, auteurs véritablement mus par la seule pensée de transmettre aux fils de leur temps les récits et les gestes de nos ancêtres, ont donné une impulsion vivace à l'idée synthétique en histoire.

Grâce à eux, les provinces eurent leurs chroniques, et le Languedoc, la Bretagne, la Normandie, la Provence, connurent la vérité de leurs actes par l'entremise des Dom Planchet, des dom Vaissette et des dom Bouquet.

La France eut ses annales recueillies loin du bruit des forums, dans le silence des cloîtres ; c'est par la régularité de la vie monastique, par l'éloignement complet des choses passionnelles et des affaires publiques, qu'on s'explique la longue série de ces travaux qu'avec raison ils ont nommés *Rerum gallicarum Monumenta*. — Depuis Baronius jusqu'au père Lelong, on est étonné du nombre et de l'importance de leurs collections, causes de tant d'in-folios !

Ces Pères ont donc catalogué notre histoire ; ils ont recherché les annales des abbayes du Moyen-Age, seul refuge des lettres et des sciences. en un temps où l'impétuosité naïve des esprits tendait à de toutes autres formes.

Mais, à vrai dire. ils ne nous donnèrent, en quelque sorte, que des tables de matières, des tableaux chiffrés, des documents rangés en bataille, en ligne et prêts à suivre le premier général venu, capable d'en user avec intelligence.

De tous côtés, je ne vois donc au xviɪᵉ et au xviɪɪᵉ siècle, que deux grands esprits synthétiques et et qui aient droit à toute la plénitude du respect des descendants, — je parle du célèbre baron de Montesquieu et de l'immortel philosophe Bénigne Bossuet. Chez ces deux esprits puissants, *maitres-ouvriers dans leur besogne*, comme dirait Montaigne, la pensée est profonde, et, pour une première fois, l'austérité de la logique fut revêtue d'une forme majestueuse. Bossuet, dans son *Discours sur l'Histoire universelle,* drapa sa pensée dans les plis d'une induction magnifique, et M. de Montesquieu fut son égal dans l'art d'ébaucher la philosophie de l'histoire en groupant les faits et en parlant d'après eux, bien qu'en ne les rendant qu'accessoires.

Fermez ces deux chefs-d'œuvre, placez-les sur le rayon d'élite de la bibliothèque historique, et jusqu'au xixe siècle, cherchez une œuvre qui leur puisse être comparée ; vous ne trouverez rien, absolument rien..... beaucoup de volumes sans doute, mais de livres, aucun, — je parle au point de vue de l'histoire réellement comprise.

La partialité et une partialité malencontreuse, fatale, et dont il faut rire, anima — (c'est à regret que je l'exprime) — anima, dis-je, l'esprit de Voltaire, quand, par malheur, cet éminent écrivain noircit la plume à cette fin d'écrire « l'*Essai sur les mœurs.* » Je prise Voltaire autant que qui que ce soit, mais j'ai aussi pour lui la plus extrême aversion. Expliquons-nous.

Voltaire est comme Janus, il a deux faces, la première est celle du Voltaire écrivant des lettres, des nouvelles, soutenant un courrier fabuleux avec les potentats de tout genre, rimant des quatrains et des poèmes, dramatisant Mahomet et Mérope dans le goût et le style du temps ; — celui-là est charmant, plein de verve et digne, enfin, de l'admiration. — La seconde face est celle de Voltaire sacrifiant à Clio, sacrifiant mensongèrement et en connaissance de cause, possédant le *consilium fraudis* autant

qu'homme du monde, dressant des faits avec un esprit
doué d'une ruse abondante, sautant avec adresse et à
plaisir par-dessus la vérité historique, et composant
une histoire selon son caprice et sa fantaisie, comme
si Dieu et le globe l'eussent pris pour ministre pléni-
potentiaire du temporel et du spirituel.

Voltaire s'est conduit envers la réalité authentique
et la justice en histoire comme il s'est conduit à l'égard
de Shakespeare, — lui prenant son *César*, l'habillant
à sa manière, puis arrivant à l'Académie en suppliant
les quarante de mettre au *ban littéraire* ce *M. Shakespeare, ce poète de bas-fond*, homme de *monstrueuse* nature, en un mot ce *gros fou* dont il fallait
pendre l'*Hamlet* au gibet de la place de Grève.

Sans doute l'histoire du *Siècle de Louis XIV* ne
mérite pas de tels dédains ; mais, il faut le remarquer,
ce n'est pas là de l'histoire au point de vue où nous
envisageons ici cette noble branche des belles-lettres,
c'est un fort beau mémoire contemporain, une très
belle description d'un temps au sein duquel on est né
et dont notre grand-père nous a raconté la légende. Je
reviens donc à dire que l'*Essai sur les mœurs* est une
pauvre œuvre, indigne du nom de Voltaire, pleine de
mensonge et partiale autant que le pire des pamphlets.

Entre le livre de Bossuet et 89, quels historiens
voyons-nous ? Peu, très peu de vrais esprits. Voici
l'abbé Dubos, voici un M. de Varillas, voici Velly,
le Père jésuite Daniel, voici Anquetil, tous auteurs
doués de qualités ennuyeuses et pitoyables à divers
titres, faits pour vous rendre l'histoire difficile à connaître, plus difficile encore à digérer. Mézerai est l'un

des rares esprits de ce temps qui commencèrent à raisonner clairement sur la manière de traiter une histoire d'ensemble. Allons maintenant plus loin. Laissons passer la Révolution, Mirabeau et Robespierre, le 9 thermidor et le 13 vendémiaire, passons le seuil du xixe siècle, saluons en passant le temps des batailles, depuis Austerlitz jusqu'à Waterloo, et plaçons-nous en 1815.

Que va-t-on faire au point de vue historique?

On va rechercher et reconstruire.

Pourquoi rechercher ?... Parce que le désordre de 93 a égaré la vieille France, qu'elle a renversé les archives, qu'elle les a brûlées, qu'elle en a enveloppé les épices et chargé les voitures, qu'elle a envoyé au feu les *Coutumes rédigées,* les *Ordonnances conservées,* sources réelles et écrites de l'histoire, et qu'il n'était pas nécessaire de détruire pour conquérir les droits acquis par cette révolution. Le mot de Bailly, « la famille est complète, » mot célèbre prononcé aux derniers États-Généraux, en face des trois ordres de la nation réunie, eût-il été moins vrai, moins éloquent, moins superbe, si la furie de certains commissaires ne s'en était pas prise aux bibliothèques, au dépôt des archives, aux traditions écrites? Assurément, non ; — et le mot de Bailly eût acquis encore plus de grandeur, puisqu'il n'eût pas seulement été une « phrase », un mouvement oratoire, — mais bien une noble et complète vérité.

De 1815 à 1820, par une de ces réactions assez fréquentes dans le monde, un mouvement intellectuel se produisit et rayonna en tous sens, et jusque dans les plus humbles foyers.

M. de Chateaubriand, qui avait nourri les flammes
sacrées de sa tête aux soirées de Coppet, chez la forte
baronne de Staël, auprès des Schlegel, des Benjamin
Constant et des De Sismondi, avait aussi donné le
signal et lancé l'esprit de recherches en pleine France.
C'est à ce noble Breton qu'est due en majeure partie
la rénovation historique de ce siècle.

Cet esprit en échauffa beaucoup d'autres ; il en
éclaira plusieurs, et de telle sorte, qu'une lumière
éclatante parut : et cette lumière n'était autre que
celle de la vérité historique.

Alors les grands lettrés d'aujourd'hui étaient pleins
de jeunesse et d'ardeur ; fatigués du tumulte, ils
s'adonnèrent aux sciences et aux belles-lettres. Il y
eut le beau mouvement de 1823 : on travaillait de
toutes parts ; d'illustres professeurs enseignaient avec
éloquence et hardiesse.

La philosophie eut pour interprète la parole grave
et élégante de M. Cousin. M. Villemain encouragea
les lettres nouvelles, en indiquant les grandes époques
des anciennes ; l'histoire enfin fut parlée par l'austère
M. Guizot encouragé par M. de Chateaubriand, dont
la préface des *Etudes historiques*, sauf quelques
détails passionnés, est un véritable chef-d'œuvre.

L'esprit de recherches fut dès lors incessant et nourri
d'une manière opulente. Alors parurent les deux
Thierry, dont l'aîné, Augustin, devait acquérir, au
prix des plus rudes épreuves, le nom brillant qu'il
possède aujourd'hui.

Assurément, — et bien mal appris serait celui qui
viendrait contredire ce fait, — assurément il est bien
curieux de suivre cette période essentiellement litté-

raire ; et non seulement il est curieux, mais il est beau de voir cette agitation de l'esprit succéder ainsi à celle de l'épée. On sent alors que l'humanité marche et que les hommes vivent !

A M. Guizot, aux Thierry, se joignirent M. Mignet et le mouvement du journal *Le Globe ;* l'Ecole des Chartes fut fondée, et d'illustres savants, tels que M. Guérard et ses confrères, se dévouèrent ardemment aux études nouvelles.

L'Allemagne du xixe siècle, dans ses chaires de Gœttingue et de Berlin, ou dans son académie de Weimar, avait, même avant nous, donné ce beau signal. Le savant Heeren à Gœttingue et Herdez à Weimar, l'un par ses *Essais,* l'autre par ses *Idées sur l'histoire de l'humanité,* répondaient noblement à l'impulsion qu'avaient donnée dans un autre ordre de matières Gœthe et Schiller.

Ce ne fut donc pas seulement l'histoire proprement dite qui fut traitée avec une vigueur digne de tant d'éloges, mais ce furent aussi toutes les branches collatérales et dépendantes plus ou moins de ce grand cercle.

Le mot « histoire » ne signifie pas simplement un récit correct de faits disposés avec ordre ; l'histoire est aussi un foyer, un soleil d'où s'échappent de très nombreux rayons.

L'économie politique, la science des archives, l'archéologie, l'étude particulière d'une époque, de ses mœurs, de ses coutumes et de sa vie réelle, la discussion des chroniques, la recherche des origines, les connaissances légendaires, sont toutes attenantes à l'histoire ; elles en sont la famille, les branches collatérales, je le répète, et elles furent examinées, approfondies et appréciées à des titres divers d'importance et de mérite.

L'*Essai* sur la civilisation en France engendra d'autres livres, ceux-ci d'autres brochures, celles-ci entrèrent de pied en cap sur le champ des archives, et nous vîmes ainsi se produire de sérieuses collections faisant suite à celle des Bénédictins ; il y eut les chercheurs et les appréciateurs. On compara les textes, on courut les routes pour trouver dans les provinces des cartulaires oubliés, des chartes enfouies ; les bibliothèques se remuèrent, et, si je ne craignais pas de viser un peu au pittoresque, je dirais que ce fut dès lors le triomphe des parchemins et des grimoires.

Une société, dite la Société de l'Histoire de France, se constitua sous les auspices d'hommes dévoués et intelligents, et répandit ses investigations fructueuses. Le Ministère veilla à la publication des *Documents inédits* des plus importants et des plus nécessaires.

Aujourd'hui, le nombre de ces travaux impérissables s'augmente et s'accroît avec les années. Nous réparons les désordres de 93. Chaque corps d'état a eu ses histoires et ses annales.

On a rendu hommage aux influences conservatrices du Moyen Age.

Les rois ont été appréciés chacun dans leur siècle ainsi qu'il convenait. La noblesse a eu ses historiens impartiaux ; le clergé a eu les siens.

Le mouvement des *communes* a été développé dans les *Lettres sur l'Histoire de France*, par cette même autorité historique qui, après cinq ans de nouveau travail, vient de nous donner son *Essai sur l'histoire de la formation et des progrès du Tiers-Etat.*

Redisons donc le mot de Bailly en l'appliquant à l'histoire. Il trouvera ici sa place ; redisons que, plus que jamais, « la famille est complète. » C'est ce livre sur le Tiers-Etat que nous allons apprécier.

Je n'ai pas cru inutile de remettre en présence de l'esprit du lecteur ce tableau rapide de la progression historique au xixe siècle. — C'est ce qui explique ces quelques lignes, qui sont une introduction à une étude sur le caractère et les œuvres de M. Augustin Thierry.

Laissons de côté, pour l'examen de ce livre, tous les lieux communs d'encensoir et toute la kyrielle d'éloges surannés que l'usage a rendus ridicules ; constatons les faits et suivons leur filière ; recherchons les bénéfices que la littérature historique peut tirer de l'importance de l'ouvrage, et reconnaissons que les louanges les plus honorables que la critique puisse adresser à toute œuvre en général, sont celles qui dépendent bien plus de l'œuvre elle-même que du nom de l'auteur.

Tous savent le mérite historique de M. Augustin Thierry, la conscience qu'il apporte à l'examen des textes, et l'honneur qu'il met à les suivre pour grouper autour ses propres pensées, conçues dans le sein même d'une érudition non pas abstraite, mais toujours comparée. Revenir sans cesse sur les mérites acquis d'un écrivain, hausser la voix pour les redire sans nuls commentaires, c'est à mon sens faire preuve de maladroite courtisanerie, et le malheur veut qu'en littérature, ce procédé soit trop fréquent.

L'histoire de la formation et des progrès du Tiers-Etat n'avait pas encore rencontré d'écrivains ; on peut dire que c'était un sujet vierge. Le pamphlet fameux de Sieyès n'en pouvait tenir lieu ; nous avions une histoire des Etats-Généraux, plusieurs même, je crois....; mais sur le Tiers-Etat, considéré comme ensemble, nous n'avions rien, sinon l'Histoire générale elle-même, le mouvement et la suite des temps, et l'autorité d'un fait accompli. Maintenant, en effet, « il n'y a plus de Tiers-Etat, le nom et la chose ont « disparu dans le renouvellement social de 1789 ; « mais ce troisième des anciens ordres de la nation, « le dernier en date et le moindre en puissance, a « joué un rôle dont la grandeur, longtemps cachée « aux regards les plus pénétrants, apparaît plei- « nement aujourd'hui. »

De telles paroles sont très claires ; elles dessinent d'une manière précise ce que l'homme d'études trouvera dans l'ouvrage de M. Thierry, la vie entière et parachevée (comme jadis on disait), d'une puissance occulte d'abord, mais qui peu à peu gagna du terrain sur les choses de l'Etat, eut des grands hommes et eut des influences sur la totalité des faits importants de l'Histoire, depuis l'apparition des formes de la municipalité libre, au Moyen-Age, jusqu'à la convocation célèbre des Etats, où M. de Mirabeau prit la parole et fit rumeur.

Il est impossible de bien parler, d'une façon complète et en toute connaissance de cause, d'un fait général ou de la nature d'un esprit puissant, quand l'un n'est pas encore accompli, ou quand l'autre n'a pas absolument terminé sa carrière. Le jugement le plus certain n'est jamais celui des contemporains, car la postérité donne souvent des démentis qui vraiment sont bizarres, tant ils sont curieux. Jamais hommage n'a été rendu avec plus d'éclat et de justice au génie de Cervantès, que de notre époque. Pourquoi... ? Parce que, pour bien saisir la vue profonde de cet esprit charmant, il est indispensable de contempler à distance les choses de son siècle, mieux connues et mieux appréciées depuis cinquante ans que celles d'aucun autre. Ainsi les hommes, ainsi les faits.

Il y a plus d'un demi-siècle que le Tiers-Etat n'est plus. Du train où vont les choses et les faits aujourd'hui, c'est assez pour que l'historien impartial n'ait pas à redouter des passions ennemies trop peu éteintes, ou la constance de préjugés absurdes. Avec les idées nouvelles et des temps nouveaux apparaissent d'autres mœurs ; ainsi se succèdent les époques sociales, et ainsi s'accumulent les récits et les légendes des idées d'un autre ordre que celles au sein desquelles nous vivons.

Une érudition profonde, jointe à une science pratique des recherches à une habitude méthodique de les classer, étaient nécessaires pour restreindre à sa plus simple expression l'histoire de la formation et des progrès du Tiers-Etat. Combien l'historien du mouvement des communes de l'ancienne France était à même de décrire manifestement l'apparition de ce troisième ordre de la nation ! Le Tiers-Etat, en effet, était déjà conçu la veille de l'affranchissement des communes ; il attendait le lendemain

de ce grand et important fait du règne de Louis XVI,
pour paraître et croître au grand jour,... et vint
enfin le moment où nous le voyons taillé de pied
en cap, se mêlant de tout et à tout, faisant non
seulement du bruit en certaines occasions, mais
même du fracas et de grand fracas. Suivons sa marche
d'après son historien ; elle est d'abord lente et ne se
produit que sourdement, par façons de souterrains,...
puis les événements la protègent, et alors elle est
rapide et déjà entraînante.

J'admire dans le prœmium du livre, sous le por-
tique, si vous voulez, la sagacité de l'historien à la
recherche de la transition, qui est la ligne distinctive
entre les deux sociétés du ive siècle. Le berceau de
l'une est tout entier dans la tombe de l'autre. Constantin proclame l'avènement de l'ère moderne, en
attaquant plusieurs principes sociaux et traditionnels
de la société antique. L'origine du Moyen Age tient
au mélange des anciens éléments romains avec les
coutumes nationales des Germains, devenus domina-
teurs.

La sanction chrétienne, jointe à la sanction légale,
le principe de l'esclavage mordu au cœur par le christianisme et la forme d'un régime municipal, sont les
premières lueurs.

La race des Franks, race conquérante, faisant de
l'esclave un serf et implantant ses goûts et ses mœurs,
inaugure déjà au ve siècle, la vie nouvelle. Ici se pré-
sentent le spectacle et la fusion des races, la mise en
scène de la prééminence sociale de la race conquérante passant des villes dans les campagnes, l'union
des hommes libres et des esclaves produisant une

population mixte, résidant au sein même de ces campagnes, où se pratiquèrent alors ces énormes défrichements du sol « exécutés sur l'immense étendue de forêts et de terrains vagues, qui du fisc impérial avaient passé dans le domaine des rois franks. » On voit, dès ce moment, le rôle conservateur de l'Eglise, dévouée non seulement à la tradition des arts de l'esprit, mais à celle des procédés mécaniques et agricoles. Autour d'elle se formèrent tous les éléments de rénovation, municipalités rurales, hameaux devenant des bourgs et s'érigeant en paroisses. Rien n'est curieux comme ces formations primitives. Je recommande au lecteur les pages 8, 9 et 10 du premier chapitre ; l'histoire, malgré ses obscurités, prend l'aspect d'un de ces récits allemands, faits en famille, sous le vieil arbre où déjà les aïeux buvaient la bière en fidèle compagnie.

La dernière de ces pages évoque la venue de la Féodalité au xe siècle. Je sache peu de lignes résumant en paroles plus précises et plus nettes le mouvement de cette époque. « Ce siècle, dit l'historien, où vint aboutir tout le travail social des quatre siècles écoulés depuis la conquête franke, vit se terminer par une grande révolution la lutte intestine des mœurs romaines et des mœurs germaniques. Celles-ci l'emportèrent définitivement, et de leur victoire sortit le régime féodal, c'est-à-dire une nouvelle forme de l'Etat, une nouvelle constitution de la propriété et de la famille, le morcellement de la souveraineté et de la juridiction, tous les pouvoirs publics transformés en privilèges domaniaux, l'idée de noblesse attachée à

l'exercice des armes, et celle d'ignobilité à l'industrie
et au travail. » Ainsi s'exprime M. Thierry.

Ce premier chapitre continué dans une clarté merveilleuse, au milieu du tumulte et des ténèbres d'un
monde qui s'enfante lui-même et cherche sa vie civile
et sa vie politique, développe avec grandeur la puissance et le caractère du régime municipal, les influences de la situation du territoire, les différences des
communes jurées du Nord et des villes consulaires
du midi ; il pèse les garanties de la liberté civile et la
tendance des évêques au xie siècle ; il indique combien « au-dessus de la diversité infinie des change·
ments qui s'accomplissent au xiie, dans l'état des
villes, grandes ou petites, anciennes ou récentes. une
même pensée plane. celle de ramener au régime public de la cité tout ce qui était tombé par abus ou
vivait par coutume sous le régime privé du domaine...., » source évidente et démontrée d'une suite
de révolutions qui devaient, peu à peu, avec le mouvement des heures et du temps, réduire à néant la
société féodale.

C'est le temps où l'action des villes reprend son
empire sur celle des campagnes pour ne plus le
laisser choir. L'origine du monde social des temps
modernes est désormais acquise, la lutte commence
dans les ordres variés, la loi écrite reprend son
empire, l'administration renaît. Pour la première
fois, l'existence de la bourgeoisie est signalée, et
voici comment M. Thierry l'indique : « La bourgeoisie, nation nouvelle dont les mœurs sont l'égalité
civile et l'indépendance dans le travail, s'élève contre
la noblesse et le servage, et détruit pour jamais la

dualité sociale des premiers temps féodaux. Ses instincts novateurs, son activité, les capitaux qu'elle accumule, sont une force qui réagit de mille manières contre la puissance des possesseurs du sol, et comme aux origines de toute civilisation, le mouvement recommence par la vie urbaine. »

Le lecteur n'attend pas de moi, — et c'est tout naturel, — une analyse, chapitre par chapitre, du *Tiers-État ;* je ne suis ici que le héraut d'armes qui vient lui annoncer les formes de l'œuvre nouvelle de M. Augustin Thierry.

Désirant seulement le mettre en rapport direct avec l'intention et le mouvement de ce travail, je me contenterai de grouper autour de sa pensée et de ses souvenirs les principaux faits qui sont de nature à l'intéresser.

Le cadre du livre exigeait de la part de l'historien une sorte de revue de toute l'histoire de France, depuis le xiiie siècle jusqu'en 89. M. Thierry explique pourquoi il n'a pas dépassé la mort de Louis XIV dans le présent volume.

Dire beaucoup en peu de lignes et dans les plis d'un style corsé et concis, tel a dû être son but, atteint d'ailleurs avec un succès complet. Les phrases même, si attachantes et revêtues d'une sorte de simplicité colorée dans les *Récits mérovingiens,* ont repris ici une énergie et une vigueur absolument différentes. Le portrait de Louis XI, la discussion du caractère de Michel de l'Hôpital et le tableau de la bourgeoisie lettrée sous Louis XIV, sont d'honorables modèles littéraires.

L'homme d'études doit être curieux de voir

comment l'auteur de la *Conquête de l'Angleterre par les Normands*, qui dans le cours d'une carrière dévouée aux belles-lettres et remplie d'épreuves, nous avait rarement parlé des affaires modernes, a su dresser des portraits et analyser des caractères tels que ceux d'Etienne Marcel, de Jacques Cœur, de Charles VII, de Louis XI, des rois François et Henri.

De brillantes pages sont consacrées aux doctrines des légistes, à l'avènement définitif du Tiers-Etat, à l'exposition de ses principes, aux Etats généraux de 1355 et 56, aux temps désolés de la Jacquerie, au rôle de la bourgeoisie parisienne sous Charles V et Charles VI, aux Maillotins, à l'échevinage, à l'université, à l'avènement des grands bourgeois aux affaires, au caractère original du règne de Louis XI. Ce tracé peut être regardé par le lecteur comme composant la première partie du livre sur le Tiers-Etat.

Lorsqu'ayant étudié méthodiquement cette période si curieuse des temps du Moyen-Age, lorsqu'ayant médité pas à pas l'enchaînement des faits et ayant comparé les influences d'un mouvement sur un autre, le lecteur reposera son attention sur le dernier soupir de Louis XI, alors son esprit concevra un horizon des plus larges, il suivra distinctement la chaîne historique de tous les éléments de vitalité, il saisira de puissants et sévères enseignements, et ce sera hasard s'il ne s'étonne pas que les leçons du passé soient d'un profit si mince sur les temps qui vont suivre. Autant que me permet de le croire et de le dire la jeunesse de mes pensées, je ne crains pas d'avouer que plus je cherche à me rendre compte des événements sociaux, l'histoire à la main, plus l'homme me semble n'être qu'un écolier étourdi, prenant au sérieux l'événement de quelques faits momentanés, capables de tenir plus ou moins en suspens son attention ou d'éblouir son esprit, mais les négligeant ensuite au point d'oublier ses propres impressions. Qu'y faire ? le mieux serait d'en rire tout d'abord, si au sein même de ces comédies ne se formaient pas toujours quelques drames.

La seconde période de l'*Essai* de M. Thierry peut être prise pour l'histoire de la partie progressive du Tiers-Etat, la première n'étant que celle de sa constitution sur un grand pied.

La rédaction des ordonnances, la prospérité publique au temps de Louis XII, les belles époques de la renaissance des lettres et des arts importées à la suite des guerres d'Italie, la classe des gens de robe, les désirs ambitieux des familles bourgeoises, une rénovation pleinement intellectuelle, l'affluence des étudiants, l'apparition des financiers, le mouvement de la réforme, l'acte du 24 août 1572, les grands Etats de Blois, le caractère et la vie des Guise jusqu'au meurtre de 1588, la ligue, l'alliance des deux Henri et l'examen notable de la politique intérieure et extérieure du vainqueur d'Arques et d'Ivry ; enfin, un aperçu de l'état des classes roturières au xvie siècle, sont les faits principaux de cette partie, la plus remuante et la plus émouvante de toute l'histoire. Je note, en passant, le remarquable chapitre donné à Michel de l'Hôpital.

Les Etats-Généraux de 1614, le ministère de Richelieu, le Parlement sous Louis XIV, la fronde, le roi et Colbert, l'avènement de la bourgeoisie lettrée, toute la vie fameuse des parlements du temps, sont la limite que s'est imposée l'historien. Il s'arrête avec Louis XIV expirant.

On le voit ; toute l'histoire de France, dans la plus grande acception du mot, est entrée dans le brillant résumé d'un travail plus ample, pour lequel M. Augustin Thierry collige et assemble des textes et des monuments depuis l'année où il avait paru s'être voué au silence. Dans les hautes sphères de la vie littéraire, en effet, le travail ne se fait pas ainsi qu'au forum, où certains livres se vendent et se font presque à la criée. M. Augustin Thierry a mis cinq ans à composer et à écrire cette œuvre à laquelle, avant lui, aucun historien n'avait songé. Rendons hommage au maître et à l'œuvre.

LA VIE ET LES ŒUVRES
D'AUGUSTIN THIERRY

LES SOURCES

Nous reproduisons ci-dessous, en nous contentant de la compléter un tant soit peu, surtout au point de vue local, l'excellente liste chronologique des sources imprimées sur la vie et les œuvres d'Augustin Thierry, que donna M. H. Chérot, en note de son étude intitulée : *La Conversion d'Augustin Thierry*.

1. — *Galerie des Contemporains illustres*, par un homme de rien (Louis de Loménie). Paris, 1841, in-12, tome III, pp. 1-36.

2. — *Mémoires d'Outre-Tombe*, par M. le vicomte de Chateaubriand. Paris, 1849-1850, t. X, p. 196.

3. — *M. Augustin Thierry, Critique générale et réfutation*, par M. Aubineau. Paris, 1851, in-18. Seconde édition en 1879, sous ce titre : *M. Augustin Thierry. Son système historique et ses erreurs*, Paris, Palmé in-12.

4. — Sainte-Beuve : *Causeries du lundi :* De la poésie et des poètes, t. V, p. 394. M. Armand Carrel, t. VI, p. 93. M. Michaud, t. VII, p. 33.

5. — *Journal de Loir-et-Cher*, 6 juin 1852.

6. — Défense de l'Eglise contre les erreurs historiques de MM. Guizot, Aug. et Am. Thierry, Michelet, Ampère, Quinet, Fauriel, Aimé Martin, etc., par l'abbé J.-M. Sauveur Gorini. Lyon, 1853, 2 vol. in-8.

7. — *Augustin Thierry*, étude littéraire de M. Armand Baschet, *Auxiliaire Breton*, 1853, reproduite dans le *Loir-et-Cher historique* du 15 décembre 1895.

8. — *Journal des Débats*, vendredi 23, dimanche 25 mai et dimanche 1er juin 1856.

9. — Mort et funérailles de M. Augustin Thierry, discours de M. Edouard Laboulaye. — Bulletin de la *Société de l'Histoire de France*, 1855-1856, pp. 325-327.

10. — *Athenœum français*, 31 mai 1856.

11. — *Lettre à Mgr l'Archevêque de Paris sur les derniers moments d'Augustin Thierry*, par le P. Gratry, de l'Oratoire de l'Immaculée Conception. *Correspondant*, 23 juin 1856.

12. — *Augustin Thierry*, par Abel Desjardins. (Leçon extraite du cours professé à la faculté des lettres de Caen). Caen, 1856, in-12.

13. — Villemain : *Discours à l'Académie française, 28 août 1856. — Institut de France. — Académie française. Discours, rapports et pièces diverses*, in-4, tome II, pp. 617-619.

14. — *Journal de Loir-et-Cher*, 3 janvier 1858.

15. — *Eloge d'Augustin Thierry*, par M. le comte Victor d'Adhémar. Toulouse, 1858, in-8.

16. — *M. Augustin Thierry*, par Ernest Renan. Cet éloge, paru d'abord en articles dans le *Journal des Débats* (5 et 7 janvier 1857), a pris place ensuite

dans les *Essais de morale et de critique.* — 2ᵉ édition, Paris, 1859, in-8°, pp. 103-140. Voir également : *Souvenirs d'enfance et de jeunesse,* Paris, 1883, in-8, p. 371.

17. — Notice historique sur la vie et les travaux d'Augustin Thierry, par M. Guigniaut (Académie des Inscriptions. Séance publique annuelle, 1ᵉʳ août 1862). Paris, 1863, in-4.

18. — *Augustin Thierry. Sa vie, ses œuvres,* par M. Abel Desjardins. Mémoires de la *Société d'Agriculture, de Sciences et d'Arts, centrale du département du Nord.* 2ᵉ série, t. VI, 1863.

19 — *Augustin Thierry. Sa vie et ses ouvrages,* par Eugène Lapierre. Toulouse, 1865. In-16, pp. 36.

20. — *Quelques souvenirs sur Augustin Thierry,* par Jules Bonnet (*Revue Chrétienne,* 5 février 1877).

21. — *Nouveaux Eloges historiques,* par Mignet, Paris, 1877. In-8, pp 325-328.

22. — *Augustin Thierry, historien et politique.* Esquisse biographique, par J. Vogel, professeur à l'université de Zurich ; traduit de l'allemand par V. Reber. (*Mémoires de la Société des Sciences et Lettres de Loir-et-Cher*), t. IX, 2ᵉ partie. Blois, 1877. In-8, pp. 209-298.

23. — *Discours* de M. Caron, professeur de Rhétorique au collège Augustin Thierry, à Blois, à la Distribution des prix du 4 Août 1879. Blois, 1879. In-8.

24. — *Anthropologie générale,* par le docteur Paul Topinard. Paris, 1885. In-8, p. 115.

25. — *Vie de M. Hamon, curé de Saint-Sulpice,* par L. Brauchereau, 2ᵉ édition. Paris 1881. In-12.

26. — *Les Historiens de l'école romantique. Mérimée et Augustin Thierry.* Paris, 1886, in-8 (*Causeries d'un ami des livres*, pp. 302-330).

27. — *Augustin Thierry*, par Alexandre Dufay (Biographe universel).

28. — *Le Collège de Blois et ses anciens élèves*, discours prononcé à la distribution des prix du 2 août 1887, par le D^r (Charles) Dufay, sénateur. Blois, 1887. In-8, pp. 13-18.

29. — *Chrétiens et hommes célèbres au XIXe siècle*, par l'abbé A. Baraud, 3e série, Paris, 1891. In-12 pp. 295-305.

30. — *Un précurseur du socialisme. Saint-Simon et son œuvre*, par Georges Weill, docteur ès-lettres. Paris, 1894. In-12.

31. — *Augustin Thierry*, par Ferdinand Valentin, agrégé de l'université, professeur au lycée Buffon. Paris, 1895. In-12.

32. — *Augustin Thierry*, par M. Louis Belton (*Petit Blésois*, 11 avril 1895).

33. — *Le centenaire d'Augustin Thierry* (M. Pierre Dufay, *Nouvelliste de Loir-et-Cher*, 12 mai 1895) (*Avenir de Loir-et-Cher*), 12 Mai 1895.

34. — *A propos du centenaire d'Augustin Thierry*, (M. Pierre Dufay, *Petit Blésois*, 16 Mai 1895).

35. — *La tombe des époux Thierry* (M. Louis Belton, *Indépendant de Loir-et-Cher*, 2 Juin 1895).

36. — *Augustin Thierry internationaliste*, par M. Ludovic Marchand, *Revue Blanche*, 15 Juin 1895.

37. — *La Conversion d'Augustin Thierry. A propos du centenaire de sa naissance*, par M. H.

Chérot. (*Etudes Religieuses, philosophiques historiques et littéraires*, revue mensuelle publiée par les
pères de la Compagnie de Jésus. Paris, 15 octobre et
15 novembre 1895. In-8, pp. 178-204 et 429-458.

38. — *Augustin Thierry*, par M. Henry de
Cardonne (*Avenir de Loir-et-Cher* 18 octobre
1895).

39. — *Le Centenaire d'Augustin Thierry*, par
M. Bar, professeur au Collège de Blois, (n° 5 du
Bulletin de la *Société des Sciences et Lettres de
Loir-et-Cher*, novembre 1895. In-8 de 63 pp.).

40. — *Centenaire d'Augustin Thierry. Augustin
Thierry en face de l'Eglise* (*Semaine Religieuse* de
la ville et du diocèse de Blois ; Blois, 2 novembre
1895).

41. — *Augustin Thierry raconté par son neveu*,
(*Le Temps*, 12 novembre 1895).

42. — *Augustin Thierry* (M. Pierre Dufay, *Progrès de Loir-et-Cher*, 10 novembre 1895).

43. — *Augustin Thierry*, par M. E. Daudet (Figaro, 10 novembre 1895).

44. — *Le Centenaire d'Augustin Thierry*, par
M. Jules Bois (*Gil Blas*, 12 novembre 1895).

45. — Edouard Blau. — *Notre Augustin Thierry*,
vers lus aux fêtes du Centenaire d'Augustin Thierry,
par M. Prudhon, de la Comédie-Française. Blois,
10 novembre 1895, pièce in-8, de 4 pp.

46. — *Centenaire de Augustin Thierry, à Blois, le
10 novembre 1895. — Discours de M. Brunetière,
membre de l'Académie française. (Revue des Deux-
Mondes,* 15 novembre 1895) et (Paris, Firmin-Didot,
1895. In-4 ; publication de l'Institut).

47. — *Centenaire de Augustin Thierry à Blois, le 10 novembre 1895. — Discours de M. H Wallon, secrétaire perpétuel de l'Académie des Inscriptions et Belles-Lettres.* (Paris, Firmin-Didot, 1895. In-4 ; publication de l'Institut).

48 — *Lettre de Mgr Perraud, évêque d'Autun, à M. Wallon, membre de l'Institut, secrétaire perpétuel de l'Académie des Inscriptions et Belles-Lettres, au sujet de M. Augustin Thierry.* Autun, novembre 1895. In-8 de 7 pp.

49. — *Les fêtes du Centenaire à Blois, (Avenir, Indépendant et Républicain de Loir-et-Cher,* 13 novembre 1895 ; *Progrès de Loir-et-Cher,* 17 novembre 1895.)

50. — *Lettres inédites d'Augustin Thierry, (Le Figaro,* supplément littéraire, 16 novembre 1895).

51. — *A propos d'Augustin Thierry,* par M. E. Daudet, *Figaro,* 24 novembre 1895.

52. — *A propos de la Conversion d'Augustin Thierry,* par M. Gilbert-Augustin Thierry, *(Figaro,* 2 décembre 1895.)

53. — *Un Centenaire à Blois,* par M. Paul Hamelle, *(Nouvelle Revue,* 1er décembre 1895).

TABLE DES MATIÈRES

	Pages
Les origines de la Fête	7
La réunion du 10 mai 1895, à la Bibliothèque de Blois;	19
Commission du Centenaire	20
La sépulture des époux Thierry au cimetière de Blois	22
Réunion du 24 juin 1895	27
Délégation par l'Académie française et l'Académie des Inscriptions et belles-lettres de MM. F. Brunetière et H. Wallon	32
Le buste d'Isclin ; son historique	34
Programme de la journée du 10 novembre	43
Invitations et souscriptions. — Lettres d'adhésion et d'excuses	46
La chute du Cabinet Ribot : la Commission maintient la date du 10 novembre	71
Les affiches	74-77

Le Banquet du 10 Novembre :

Les invités	80
Les souscripteurs	82

Le Centenaire d'Augustin Thierry et la Presse	89
Augustin Thierry (M. Pierre Dufay, *Progrès de Loir-et-Cher*, 10 novembre 1895)	90

Augustin Thierry, (M. Henry de Cardonne, *Avenir de Loir-et Cher*, 18 octobre 1895)............. 92

A AUGUSTIN THIERRY (M. Pierre Dufay)......... 95

L'homme 97

Augustin Thierry intime........................ 102

Augustin Thierry raconté par son neveu (*Le Temps*, 10 novembre 1895)........... 111

Augustin Thierry, par M. E. Daudet (*Figaro*, 10 novembre 1895)............................. 124

Le Centenaire d'Augustin Thierry, par M. Jules Bois (*Gil-Blas*, 12 novembre 1895)................. 132

Un centenaire à Blois, par M. Paul Hamelle (*Nouvelle Revue*, 1er décembre 1895).................. 137

Augustin Thierry internationaliste, par M. Ludovic Marchand (*Revue Blanche*, 15 juin 1895)......... 147

Augustin Thierry et l'anthropologie, communication du Dr Doutrebente................ 157

- - - - -

Les Fêtes du 10 Novembre. L'inauguration du buste, les discours

Les Fêtes du 10 Novembre. L'inauguration du buste, les discours........................ 163

Discours de M. Liard............................ 167

Discours de M. Brunetière...................... 173

Discours de M. Wallon.............. 193

- - - - -

Au pavillon d'Anne de Bretagne et au collège de Blois. Palmes académiques

Au pavillon d'Anne de Bretagne et au collège de Blois.   Palmes académiques.......... 203

Bref historique de la Société des Sciences et Lettres 203

Le Pavillon et les jardins de la Reine............. 208

Le procès-verbal d'inauguration 211

Visite au Collège 212

Les décorations............... 214

- - - - -

**Le banquet. — Les illuminations. — La repré-
sentation de gala. — La Presse parisienne.**   216

Le banquet....................................   216
Les toasts......   217
Les illuminations.............................   221
La soirée dramatique et musicale..........'........   222
NOTRE AUGUSTIN THIERRY, poésie de M. Édouard
Blau..   222
Le compte-rendu de M. Robert de Flers..........   223
Le souper.....................................   229
La Presse parisienne..........................   231
Augustin Thierry poète........................   241

Augustin Thierry et l'Église..................   246

Lettre de Mgr Perraud à M. Wallon.............   247
A propos d'Augustin Thierry, par M. E. Daudet
(*Figaro* du 24 novembre 1895)...............   255
A propos de la conversion d'Augustin Thierry, par
M. Gilbert Augustin-Thierry (*Figaro*, 2 décem-
bre 1895)....................................   258

Augustin Thierry apprécié par Armand Baschet.   263

**La vie et les œuvres d'Augustin Thierry. les
sources**..................................   282

Table des matières........................   289

ERRATA

P. 90 — Lire : *combattants* d'avant-garde, et non *combattant*.

P. 91 — et c'est au peuple qu'il appartient de *la* saluer avec nous.

P. 166 — l'œil sous l'arcade *sourcilière*, et non *sourcillière*.

P. 242 — En note, rétablir ainsi la parodie par Augustin Thierry, d'un vers de M. de Laprade :

> Pour ta *rotondité* je t'aime entre tes sœurs et non pour ta *rondité*. — Ce vers devenant ainsi non seulement faux, mais incompréhensible.

ACHEVÉ D'IMPRIMER

A BLOIS

LE 10 FÉVRIER MIL HUIT CENT NONANTE ET SIX

PAR C. MIGAULT ET Cie

* 9 7 8 2 3 2 9 5 9 0 4 7 9 *